1	家家戶戶	가가호호	엄정원	광남초1
2	各人各色	각인각색	석지훈	신월초2
3	各人各色	각인각색	신지후	용문초2
4	各人各色	각인각색	조해인	푸른들어린이집 7세
5	見物生心	견물생심	박이현	김해모산초2
6	見物生心	견물생심	이보나	복명초2
7	見物生心	견물생심	정서우	태화초2
8	見善如渴	견선여갈	송라온	우정초3
9	見善如渴	견선여갈	이지성	월서초3
10	結草報恩	결초보은	이채원	남외초2
11	結草報恩	결초보은	홍채원	상당초2
12	高聲放歌	고성방가	한가윤	감천초2
13	苦盡甘來	고진감래	김도건	동일중앙초1
14	苦盡甘來	고진감래	임가연	광안초1
15	過猶不及	과유불급	조연경	광남초1
16	九死一生	구사일생	김채윤	용소초2
17	九折羊腸	구절양장	구주아	동래초2
18	捲土重來	권토중래	이예린	광남초2
19	近墨者黑	근묵자흑	임세린	용소초2
20	今時初聞	금시초문	이채원	성북초1
21	金枝玉葉	금지옥엽	이지원	호암초2
22	金枝玉葉	금지옥엽	이채연	남외초2
23	起死回生	기사회생	김도윤	효성초3
24	怒發大發	노발대발	김나빈	분포초2
25	怒發大發	노발대발	김정록	신월초2
26	多多益善	다다익선	권하린	장성초1
27	大驚失色	대경실색	문서은	우정초4
28	大驚失色	대경실색	윤예나	분포초2
29	大器晚成	대기만성	강지윤	광안초1
30	大器晚成	대기만성	전예설	울산초1

31	大同小異	대동소이	박서준	학산초2	61	山川草木	산천초목	장은재	메트로자연유치원 7세
32	讀書亡羊	독서망양	박신	우정초2	62	殺身成仁	살신성인	정서원	좌동초2
33	讀書亡羊	독서망양	지현우	태화초5	63	三三五五	삼삼오오	이강민	용지초2
34	同苦同樂	동고동락	김가온	우정초1	64	三十六計	삼십육계	박도윤	월암초2
35	同苦同樂	동고동락	박선우	두류초1	65	相扶相助	상부상조	장한	태화초1
36	同苦同樂	동고동락	변은율	남천초1	66	雪上加霜	설상가상	김가민	삼어초2
37	東問西答	동문서답	박서율	학산초2	67	雪上加霜	설상가상	오장현	태화초3
38	東西古今	동서고금	김태호	분포초1	68	雪上加霜	설상가상	하진	범물초2
39	馬耳東風	마이동풍	송시윤	태화초1	69	手不釋卷	수불석권	김은서	백양초3
40	馬耳東風	마이동풍	최가은	사월초1	70	手不釋卷	수불석권	최지호	용문초2
41	莫上莫下	막상막하	김예슬	우정초2	71	水魚之交	수어지교	김경민	은혜유치원 7세
42	莫上莫下	막상막하	이정현	무룡초4	72	水魚之交	수어지교	임단우	복산초1
43	莫上莫下	막상막하	전우진	태화초3	73	是是非非	시시비비	류아름	유천초4
44	莫上莫下	막상막하	최지용	사하초2	74	深思熟考	심사숙고	이주은	태화초2
45	莫逆之友	막역지우	정윤건	신월초4	75	十人十色	십인십색	남유준	연포초1
46	無用之物	무용지물	배현민	남대구초2	76	十人十色	십인십색	정제인	복산초1
47	無用之物	무용지물	이준호	용소초2	77	言行一致	언행일치	김지우	청림초1
48	無足之言	무족지언	황지호	도산초3	78	言行一致	언행일치	이하준	용문초2
49	美風良俗	미풍양속	김나은	광안초1	79	年中無休	연중무휴	안정빈	성동초2
50	博學多識	박학다식	김리안	매산초3	80	年中無休	연중무휴	유지성	남천초1
51	博學多識	박학다신	정윤호	남천초2	81	年中無休	연중무휴	이윤서	신성초3
52	百發百中	백발백중	석혜원	남송초2	82	右往左往	우왕좌왕	이우준	송일초3
53	百發百中	백발백중	홍채민	상당초2	83	一家和親	일가화친	배진아	광남초1
54	父傳子傳	부전자전	안지석	조암초1	84	一家和親	일가화친	석민준	라이즈유치원 7세
55	父傳子傳	부전자전	이채은	용문초2	85	一口二言	일구이언	성시원	효성초2
56	父傳子傳	부전자전	조승우	한솔초2	86	一口二言	일구이언	정원찬	용문초2
57	不協和音	불협화음	임유담	우정초4	87	一絲不亂	일사분란	길민진	광남초1
58	非一非再	비일비재	정병길	광남초1	88	一石二鳥	일석이조	강나은	용산초1
59	山川草木	산천초목	백서후	송일초2	89	一石二鳥	일석이조	정예찬	월암초2
60	山川草木	산천초목	이시아	힐사이드 7세	90	一石二鳥	일석이조	조예린	분도유치원 7세

91	長幼有序	장유유서	조이현	광남초1
92	正正堂堂	정정당당	하채원	월암초2
93	朝三暮四	조삼모사	이도언	남부초4
94	竹馬故友	죽마고우	서지우	남외초1
95	竹馬故友	죽마고우	안도경	학산초1
96	竹馬故友	죽마고우	이시우	태화초1
97	重言復言	중언부언	이재준	송일초3
98	草綠同色	초록동색	류다움	유천초4
99	破竹之勢	파죽지세	박지완	황금초3
100	敗者無言	패자무언	김시은	월암초2
101	螢雪之功	형설지공	김민서	송일초4
102	紅一點	홍일점	박서연	범일초3

part. 2
고사만화성어

#	한자	독음	이름	학교
1	刻舟求劍	각주구검	신민아	남천중1
2	結草報恩	결초보은	김선제	분포초5
3	刮目相對	괄목상대	권규리	민락초2
4	九牛一毛	구우일모	도규원	분포초1
5	君子三樂	군자삼락	조원진	용문초3
6	錦上添花	금상첨화	김경민	용문초4
7	杞憂	기우	박정원	광남초6
8	騎虎之勢	기호지세	류난희	남천초5
9	難兄難弟	난형난제	전호영	분포초2
10	大器晚成	대기만성	남효원	광남초6
11	讀書百遍義自見	독서백편의자현	장명서	용문초5
12	同病相憐	동병상련	남예인	오륙도초4
13	馬耳東風	마이동풍	이동현	분포초4
14	麥秀之歎	맥수지탄	김도운	용문초3
15	盲人摸象	맹인모상	박현재	용문초5
16	矛盾	모순	남한송	광남초4
17	白駒之過隙	백구지과극	박민규	용문초5
18	白眉	백미	박현우	용문초4
19	伯牙絕絃	백아절현	조민재	용문초4
20	不夜城	불야성	남서정	용문초5
21	四面楚歌	사면초가	추동형	분포중3
22	似而非	사이비	김서영	남천중1
23	殺身成仁	살신성인	고경완	남천초6
24	桑田碧海	상전벽해	전수연	광남초5
25	水魚之交	수어지교	이원정	광남초4
26	樹欲靜而風不止	수욕정이풍부지	김상현	남천중2
27	緣木求魚	연목구어	김규리	남천중2
28	五十步百步	오십보백보	한수연	대천중2
29	吳越同舟	오월동주	하정목	대천중1
30	愚公移山	우공이산	이성은	대천중3
31	愚公移山	유비무환	이시현	개림초4
32	以心傳心	이심전심	김민균	동래초4
33	李下不整冠	이하부정관	백승화	남천초4
34	一網打盡	일망타진	김민채	개림중2
35	切磋琢磨	절차탁마	김성혜	광남초4
36	井中之蛙	정중지와	김정민	광남초5
37	螢雪之功	형설지공	추호관	분포초6
38	狐假虎威	호가호위	이동율	분포중3

part. 1
한자만화 성어

아이들이 직접 그리고 쓴
희희낙락

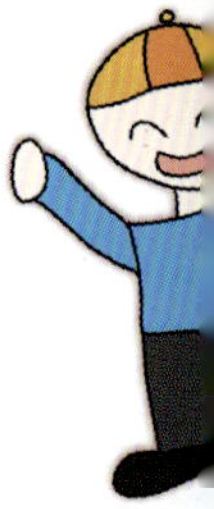

1 家家戶戶

가가호호
집집마다.

명절에는 가가호호 화목한 웃음 소리가 들립니다. 환경보호를 위해 가가호호 물을 아껴 써야 합니다. 우리 동네는 가가호호 앞마당에 감나무가 심어져 있습니다. 여름에는 가가호호 시원한 곳으로 휴가를 떠납니다.

광남초1 엄정원

한자 알아보기 ❶ 家:집 가 ❷ 戶:집 호

2 各人各色

각인각색
사람마다 생각과 개성이 다름.

나는 친구와 좋아하는 음식에 대해 이야기했다. 그런데 친구는 피자, 나는 치킨이 제일 맛있다고 했다. 친구와 내 생각이 달랐다. 어제 학교에서 배운 '각인각색'이란 말이 맞다고 생각했다.

신월초2 석지훈

한자 알아보기 ❶ 各:각각 각 ❷ 人:사람 인 ❸ 色:빛 색

4 各人各色

각인각색
사람마다 성격과 개성이 다름.

공룡을 좋아하는 친구들, 상어를 좋아하는 친구들, 또 다른 것을 좋아하는 친구들이 유치원에 각인각색 모여 있습니다.

푸른들어린이집 7세 조해인

5 見物生心

견물생심
물건을 보면 가지고 싶은 욕심이 생김.

엄마가 생일 선물로 가지고 싶은 것을 말하라고 하셔서 축구 물품이 갖고 싶다고 했다. 축구 물품 가게에 가니 가지고 싶은 게 너무 많았다. 그래서 눈에 보이는 것들을 모두 장바구니에 담았다. 그것을 본 엄마가 큰소리로 하나만 고르라고 했다. 견물생심이라 다 가지고 싶었지만 하나만 고르고 다른 물건은 쳐다도 보지 말아야겠다.

김해모산초2 박이현

⚠ 한자 알아보기 ❶ 見:볼 견 ❷ 物:물건 물 ❸ 生:날 생 ❹ 心:마음 심

6 見物生心

견물생심
물건을 보면 가지고 싶은 욕심이 생김.

엄마와 시장에 가서 곰돌이 머리띠를 샀다. 구경을 하다 보니 토끼 머리띠가 눈에 또 띄었다. "엄마 저것도 사주세요." "곰돌이 머리띠 샀잖아. 안돼!" 정말 견물생심이다.

복명초2 이보나

見物生心

견물생심
물건을 보면 가지고 싶은 욕심이 생김.

문구점에서 신기한 뽑기 장난감이 빛나고 있었다. 역시 눈으로 보니 갖고 싶어 사고 말았다. 집에 가지고 오니 그렇게 빛나지도 않고 재미도 없어졌다. 견물생심으로 용돈만 낭비하고 말았다.

태화초2 정서우

11 結草報恩

결초보은
죽은 뒤에도 은혜를 잊지 않고 갚음.

종례 시간, 선생님께서 내일 준비물을 잘 챙겨오라고 말씀하셨다. 하지만 다음 날, 송이는 지각하는 바람에 준비물을 하나도 챙기지 못했다. 안절부절하고 있던 그때, 짝지인 소라가 빌려주었다. 지난 만들기 시간에 송이가 소라에게 준비물을 빌려준 적이 있었다. 송이는 소라의 결초보은 덕분에 선생님께 혼나지 않고 무사히 만들기를 마쳤다.

상당초2 홍채원

한자 알아보기 ❶ 結:맺을 결 ❷ 草:풀 초 ❸ 報:갚을 보 ❹ 恩:은혜 은

12 高聲放歌

고성방가
큰 소리로 떠들고 마구 노래 부름.

한 밤중에 술 먹은 아저씨가 소리를 지르며 고성방가를 했다. 우리가 시끄럽다고 하자 더 큰 소리로 소리를 질렀다. 나와 동생이 놀라고 무서워하자 엄마가 창문을 꼭 닫아주셨다. 밤에는 특히 '고성방가'를 하지 말아야 한다. 모두 서로를 위해 조심하자!

감천초2 한가윤

! 한자 알아보기 ❶ 高:높을 고 ❷ 聲:소리 성 ❸ 放:놓을 방 ❹ 歌:노래 가

13 苦盡甘來

고진감래
어렵고 힘든 일이 지나면 즐겁고 좋은 일이 옴.

한자 급수 시험을 위해 시험공부를 하고 있다. 하지만 외워야 할 한자가 너무 많아서 공부하기 힘들었다. 그래도 급수를 따기 위해 열심히 공부를 했다. 드디어 시험날 공부를 열심히 한 덕분에 시험이 쉬웠고 합격했다. 고진감래라더니 힘든 일 뒤에는 역시 좋은 일이 온다.

동일중앙초1 김도건

! 한자 알아보기 ❶ 苦:쓸 고 ❷ 盡:다할 진 ❸ 甘:달 감 ❹ 來:올 래

14 苦盡甘來

고진감래
어렵고 힘든 일이 지나면 즐겁고 좋은 일이 옴.

체육 시간, 가연이는 줄넘기 연습을 하지만 여전히 잘하지 못해 속상했다. 하지만 지금 당장 힘들어도 열심히 하면 잘하게 될 거라 믿고 한 달 동안 포기하지 않았다. 시간이 지나고 가연이는 반에서 가장 줄넘기를 잘하게 되었고, 힘든 시기가 지나면 좋은 일이 온다는 고진감래를 느꼈다.

광안초1 임가연

! 한자 알아보기 ① 苦:쓸 고 ② 盡:다할 진 ③ 甘:달 감 ④ 來:올 래

15 過猶不及

과유불급
모든 일이 지나치면 도리어 안 한 것과 같음.

체육 대회 3일 전, 나는 달리기 1등이 되기 위해 극한 훈련을 시작했다. 훈련 1일째, 쉬지 않고 달렸다. 2일째, 조금 지쳐도 끝까지 달렸다. 3일째, 너무 힘들어서 억지로 달렸다. 대망의 체육 대회 당일, 과한 훈련으로 결국 쓰러져 몸살이 나고 말았다. 나는 이번 일로 무엇이든 너무 과해도 안 된다는 과유불급을 깨달았다.

광남초1 조연경

! 한자 알아보기 ① 過:지날 과 ② 猶:오히려 유 ③ 不:아닐 불 ④ 及:미칠 급

17 九折羊腸

구절양장
아홉 번 꼬부라진 양의 창자처럼 꼬불꼬불 험한 산길.

오늘 수학 시험인데 수학이 너무 어렵다. 시험시간이 되고 시험 칠 준비를 했다. 1번, 2번, 3번 아무리 머리를 굴리고 계산을 해봐도 다 모르겠다. 수학 문제는 너무 어려워. 수학은 정말 구절양장이야!

동래초2 구주아

한자 알아보기 ① 九:아홉 구 ② 折:꺾을 절 ③ 羊:양 양 ④ 腸:창자 장

18 捲土重來

권토중래
땅을 말아 일으킬 것 같은 기세.

6급 한자 급수 시험날 불합격하고 말았다. 같이 공부한 친구는 붙었고 나만 떨어진 것에 충격받아서 오늘부터 다시 공부를 열심히 하기로 했다. 의지를 불태우며 공부해서 다음 시험에 도전했다. 결과를 보니 드디어 합격자 명단에 내 이름이 있었다. 역시 권토중래를 하니 성공했다.

광남초2 이예린

❗ 한자 알아보기 ❶ 捲:거둘 권 ❷ 土:흙 토 ❸ 重:무거울 중 ❹ 來:올 래

19 近墨者黑

근묵자흑
먹을 가까이 하는 사람은 검어짐.

답지를 보며 숙제를 하는 친구를 보고 답지 베끼는 것은 나쁜 행동이라고 친구에게 하지 말라고 했더니 친구가 괜찮다며 같이 하자고 했다. 친구의 말을 듣고 마침 숙제하기 귀찮았던 나는 같이 답지를 봤다. 그때 뒤에 있던 친구가 말했다. 안 좋은 것을 이렇게 빨리 배우다니 근묵자흑이네.

용소초2 임세린

한자 알아보기 ❶ 近:가까울 근 ❷ 墨:먹 묵 ❸ 者:놈 자 ❹ 黑:검을 흑

20 今時初聞

금시초문
바로 지금 처음으로 들음.

점심시간, 운동장에서 재미있게 놀고 있는데 같은 반 단우가 와서 내일 갑자기 운동회 한다는 소식을 전했다. 하린이와 나는 금시초문이라며 믿지 않았지만, 종례시간에 단우의 말이 진실인 걸 알았다. 병원 갔다 온 미나에게도 소식을 전했다.

성북초1 이채원

! 한자 알아보기 ❶ 今:이제 금 ❷ 時:때 시 ❸ 初:처음 초 ❹ 聞:들을 문

22 金枝玉葉

금지옥엽
금으로 된 나뭇가지와 옥으로 된 나뭇잎처럼 세상에도 둘도 없는 귀한 자식.

임금님이나 귀한 집안에서 사랑받는 자식들을 금지옥엽이라는데
난 항상 엄마에게 사랑받고 내가 아플때 이렇게 정성껏 돌봐주시니
나도 엄마 아빠에게 금지옥엽이 분명해.

남외초2 이채연

한자 알아보기 ① 金:쇠 금 ② 枝:가지 지 ③ 玉:구슬 옥 ④ 葉:잎 엽

23 起死回生

기사회생
거의 죽을 뻔하다가 다시 살아남.

물에 빠진 놀부를 지나가던 총각이 구해 주어서 놀부는 기사회생으로 살게 되었다. 하지만 놀부는 고마움도 모르고 자신을 구해 준 총각의 봇짐을 가지고 도망을 갔다. 총각은 관아에 그 사실을 알렸고 놀부는 관아에 가서 곤장을 맞게 된다.

효성초3 김도윤

한자 알아보기 ❶ 起:일어날 기 ❷ 死:죽을 사 ❸ 回:돌아올 회 ❹ 生:날 생

24 怒發大發

노발대발
몹시 노하여 크게 성을 냄.

비가 온 날 엄마가 나랑 동생에게 미끄러우니 뛰어다니지 말고 조심하라고 하셨다. 하지만 동생은 엄마말을 듣지 않고 고인 물을 밟고 첨벙거리며 뛰어다녔다. 그러다 철퍼덕하고 넘어져 버렸다. 그것을 본 엄마는 동생에게 달려가 노발대발하며 잔소리를 쏟아내셨다.

분포초2 김나빈

한자 알아보기 ❶ 怒:성낼 노 ❷ 發:필 발 ❸ 大:클 대

26 多多益善

다다익선
많으면 많을 수록 더욱 좋음.

나는 엄마, 오빠와 마트에 갔다. 나는 엄마에게 젤리를 한 봉지 들고
"나 이거 하나 사도 돼?" 라고 물었다. 오빠가 옆에서 "젤리는 다다익선이지"하고 웃었다.

장성초1 권하린

❗ 한자 알아보기 ❶ 多:많을 다 ❷ 益:더할 익 ❸ 善:착할 선

28 大驚失色

대경실색
몹시 놀라 얼굴 빛이 하얗게 질림.

점수를 보고 大驚失色 하였다.

학교에서 받아쓰기 시험을 치게 되었다. 공부를 많이 하지 못해 틀릴까 봐 너무 걱정되었다. 드디어 받아쓰기 시험 날 연습한 대로 받아 적었다.
시험 점수를 보고 나는 대경실색해서 아무것도 할 수 없었다.

분포초2 윤예나

한자 알아보기 ❶ 大:클 대 ❷ 驚:놀랄 경 ❸ 失:잃을 실 ❹ 色:빛 색

29 大器晚成

대기만성
큰 사람이 되기 위해서는 많은 시간과 노력이 필요함.

지윤이는 피아노 치기를 좋아한다. 지금은 언니, 오빠들처럼 잘 치지는 못하지만 매일 매일 연습하고 노력하는 대기만성형이기 때문에 언젠가는 꼭 훌륭한 피아니스트가 될 것이다. 여러분, 몇 년 후 피아니스트가 될 지윤이의 모습 많이 기대해 주세요!

광안초1 강지윤

! 한자 알아보기 ① 大:클 대 ② 器:그릇 기 ③ 晩:늦을 만 ④ 成:이룰 성

30 大器晩成

대기만성
큰 사람이 되기 위해서는 많은 시간과 노력이 필요함.

나의 꿈은 발레리나! 발레리나가 되기 위해서는 많은 노력을 해야 한다. 지금은 잘 못하지만 하루하루 열심히 연습하고 포기하지 않고 노력해서 대기만성하는 발레리나의 꿈을 이룰거야.

울산초1 전예설

❗ 한자 알아보기 ❶ 大:클 대 ❷ 器:그릇 기 ❸ 晩:늦을 만 ❹ 成:이룰 성

32 讀書亡羊

독서망양
다른 일에 정신이 팔려 본연의 임무를 잊음.

엄마가 소고기 심부름을 시키셨는데 읽고 있던 책이 너무 재밌어서 책을 읽으면서 가다가 소고기를 그만 떨어뜨리고 집에는 빈손으로 왔다. 다음부턴 독서망양하지 않아야겠다고 다짐했다.

우정초2 박신

한자 알아보기 ❶ 讀:읽을 독 ❷ 書:글 서 ❸ 亡:망할 망 ❹ 羊:양 양

33 讀書亡羊

독서망양
다른 일에 정신이 팔려 본연의 임무를 잊음.

엄마가 외출하시면서 동생을 돌보라 하셨다. 새로 업데이트가 된 영상을 보다 동생 보는 것을 깜빡하고 말았다. 그 사이 동생이 집을 엉망으로 만들었다.
어떡하지? 독서망양하다 동생을 돌보지 못해 엄마에게 혼이 나고 말았다.

태화초5 지현우

한자 알아보기 ❶ 讀:읽을 독 ❷ 書:글 서 ❸ 亡:망할 망 ❹ 羊:양 양

34 同苦同樂

동고동락
힘든 일과 즐거운 일을 함께함.

내가 맛있는 간식이 있어서 동생에게도 줬다. 책상을 정리할 때도 동생이 나를 도와 정리를 함께 해 주니 쉽게 할 수 있었다. 역시 동생과 나는 동고동락하니 참 행복하다.

우정초1 김가온

❗ 한자 알아보기 ❶ 同:한가지 동 ❷ 苦:쓸 고 ❸ 樂:즐거울 락

35 同苦同樂

동고동락
힘든 일과 즐거운 일을 함께함.

온 가족이 베트남 여행을 갔다.
많이 걷는 것은 힘들었지만 사막에서 ATV를 타는 것은 너무 재미있었다.
가족들과 동고동락하면서 추억을 만들 수 있어서 기뻤다.

두류초1 박선우

한자 알아보기 ❶ 同:한가지 동 ❷ 苦:쓸 고 ❸ 樂:즐거울 락

36 同苦同樂

동고동락
힘든 일과 즐거운 일을 함께함.

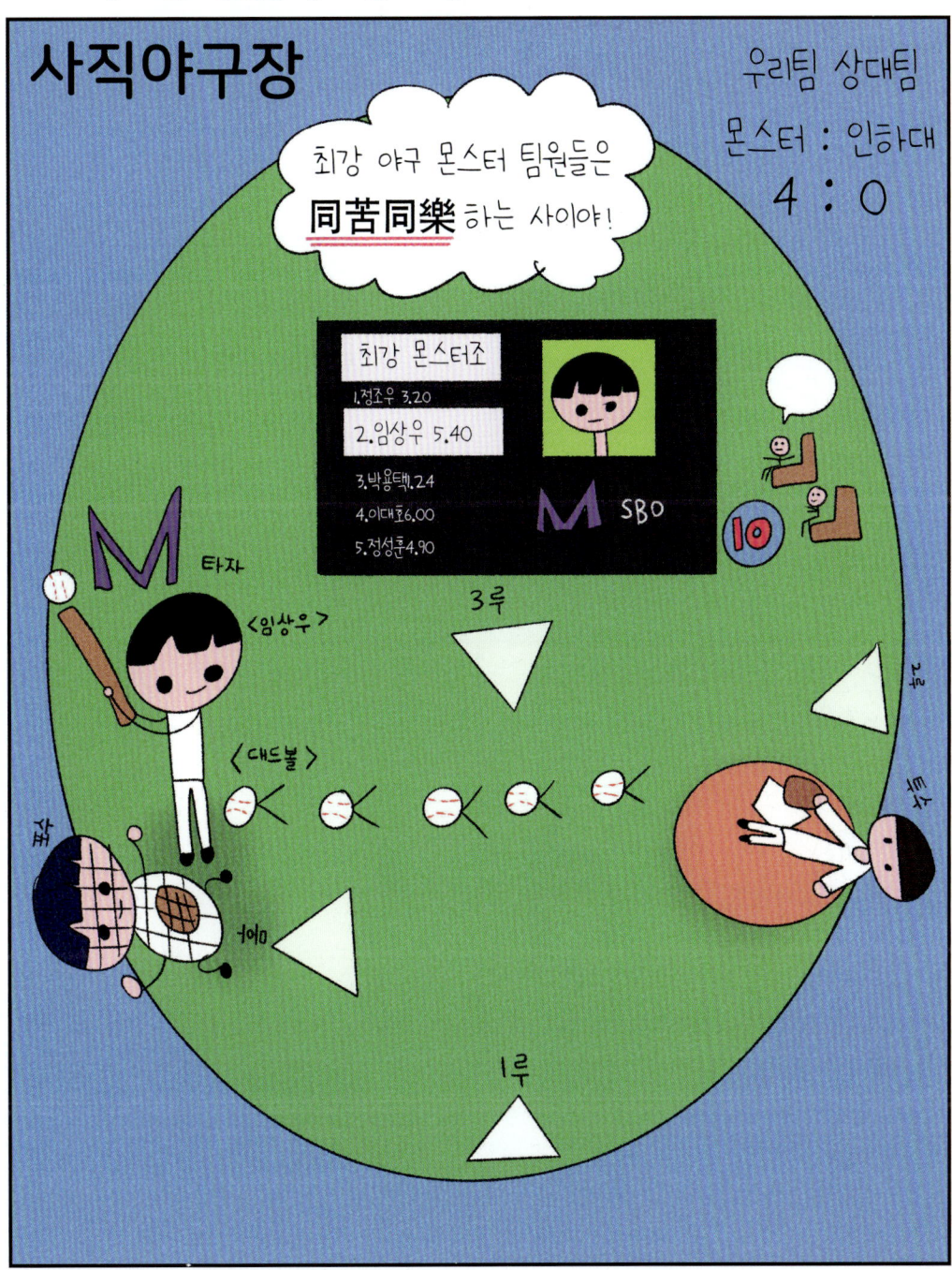

사직 야구장에서 우리팀인 몬스터와 상대팀인 인하대의 경기가 펼쳐졌다. 우리팀 타자가 홈런을 친 덕분에 경기는 4대 0으로 앞서게 되었고 결국 승리를 하였다. 연습할 때 함께 힘들어하고 승리 후 함께 기뻐하는 우리는 동고동락 사이이다.

남천초1 변은율

❗ 한자 알아보기 ❶ 同:한가지 동 ❷ 苦:쓸 고 ❸ 樂:즐거울 락

37 東問西答

동문서답
물음에 상관없는 엉뚱한 대답을 함.

학교에서 선생님이 친구들에게 수학문제를 냈다.
그런데 한 학생이 동문서답을 했다. 선생님은 그 친구의 동문서답에 화를 냈고,
그 학생은 앞으로 동문서답하지 않겠다고 반성을 했다.

학산초2 박서율

38 東西古今

동서고금
동양과 서양, 그리고 옛날과 지금을 이름.

아빠가 어렸을 적에는 콩을 가는 도구로 맷돌을 많이 사용했다고 한다.
시간이 흘러 아빠가 나를 낳아 어른이 되었는데도 여전히 할머니는 맷돌을 사용하신다.
옛날이나 지금이나 동서고금 콩을 가는 건 맷돌만 한 것이 없다는 생각이 들었다.

분포초1 김태호

한자 알아보기 ❶ 東:동녘 동 ❷ 西:서녘 서 ❸ 古:옛 고 ❹ 今:이제 금

40 馬耳東風

마이동풍
다른 사람의 말을 귀담아 듣지 않고 흘려버림.

우리 아빠는 항상 응가할 땐 휴지를 적게 쓰라고 하신다.
그런데 나는 그 말을 어겨서 변기가 막히고 말았다. 응가가 출렁출렁했다.
아빠는 똥을 보고 기분이 별로였다. 아빠 말씀이 나에게는 마이동풍이었다.

사월초1 최가은

한자 알아보기 ❶ 馬:말 마 ❷ 耳:귀 이 ❸ 東:동녘 동 ❹ 風:바람 풍

45 莫逆之友

막역지우
서로 거리낌 없고 허물 없는 아주 친한 친구.

친구와 오해가 생겨서 싸웠다. 하지만 서로 사과를 하고 다시 친하게 지냈다.
역시 우리는 막역지우다.

신월초4 정윤건

한자 알아보기 ❶ 莫:없을 막 ❷ 逆:거스를 역 ❸ 之:갈 지 ❹ 友:벗 우

46 無用之物

무용지물
아무 쓸모가 없는 물건.

핸드폰을 학교에 들고 갔다. 수업시간에도, 돌봄시간에도 핸드폰은 사용하지 않았다.
학교에서 핸드폰은 정말 무용지물이다.

남대구초2 배현민

47 無用之物

무용지물
아무 쓸모가 없는 물건.

아직 더운 여름이지만 바람이 부는 것 같아 혹시나 외투를 챙겼다.
하지만 바람마저 너무 뜨거워서 도무지 외투가 쓸데가 없었다.
준호는 오늘 이렇게 더운 날 외투는 무용지물이라고 느꼈다.

용소초2 이준호

한자 알아보기 ❶ 無:없을 무 ❷ 用:쓸 용 ❸ 之:갈 지 ❹ 物:물건 물

48 無足之言

무족지언
발 없는 말이라는 뜻으로, 말이란 순식간에 멀리 퍼져 나감.

좋아하는 친구가 생겨 고민하다 친구에게 고백을 했는데 친구가 소문을 내고 말았다.
역시 무족지언이라 친구에게 말한 것을 후회했다.

도산초3 황지호

한자 알아보기 ❶ 無:없을 무 ❷ 足:발 족 ❸ 之:갈 지 ❹ 言:말씀 언

博學多識

박학다식
널리 배우고 들은 것이 많다는 뜻으로, 학식이 넓고 아는 것이 많음.

쉬는 시간, 운동장, 집에서 늘 책만 읽는 리안이!
열심히 읽은 책 덕분에 박학다식해져서 시험에서 만점을 맞았다!

매산초3 김리안

51 博學多識

박학다식
널리 배우고 들은 것이 많다는 뜻으로, 학식이 넓고 아는 것이 많음.

윤호와 친구는 수학 시험에 대해 이야기하다 공통으로 틀린 문제를 찾았다. 둘 다 한참 고민했지만 도무지 정답을 알 수 없어 선생님께 여쭤봤다. 묻자마자 10초 만에 문제를 푸는 선생님의 박학다식에 윤호와 친구는 감탄했다. 역시 우리 선생님은 모르는 게 없으시구나!

남천초2 정윤호

한자 알아보기 ❶ 博:넓을 박 ❷ 學:배울 학 ❸ 多:많을 다 ❹ 識:알 식

52 百發百中

백발백중
백번 쏘아 백 번 맞힘. 또는 계획이나 예상이 딱 들어맞음.

올림픽에 출전한 우리나라 양궁선수들은 세계 최고의 양궁 실력을 가지고 있었다. 내가 생각한대로 백발백중 10점을 쏜 대한민국팀이 금메달을 차지했다.

남송초2 석혜원

한자 알아보기 ❶ 百:일백 백 ❷ 發:필 발 ❸ 中:가운데 중

54 父傳子傳

부전자전
대대로 아버지가 아들에게 전함.

나는 아빠를 닮아서 운동신경이 좋다.
그리고 핸드폰을 할 때 똑같이 누워서 하고 TV로 야구 경기 보는 걸 좋아한다.
아빠와 나는 부전자전이다.

조암초1 안지석

한자 알아보기 ❶ 父:아비 부 ❷ 傳:전할 전 ❸ 子:아들 자

55 父傳子傳

부전자전
대대로 아버지가 아들에게 전함.

> 아빠는 엄마를 사랑한다.
> 나도 언제나 상냥한 엄마를 사랑한다.
> 엄마를 사랑하는 마음이 부전자전이다
>
> 父傳子傳

사랑한다옹~
사랑해요!
사랑해요!

아빠와 나는 모두 엄마와 사이가 좋다. 우리 엄마는 천사처럼 예쁘고 항상 상냥하시기 때문이다. 아빠와 나는 엄마를 사랑하는 마음이 꼭 닮은 부전자전이다.

용문초2 이채은

❗ 한자 알아보기 ❶ 父:아비 부 ❷ 傳:전할 전 ❸ 子:아들 자

56 父傳子傳

부전자전
대대로 아버지가 아들에게 전함.

나와 아빠는 누워서 TV를 보는 것도 똑같고, 과자를 던져서 받아 먹는 것도 똑같다. 우리는 정말 부전자전인 것 같다.

한솔초2 조승우

한자 알아보기 ❶ 父:아비 부 ❷ 傳:전할 전 ❸ 子:아들 자

58 非一非再

비일비재
같은 일이 한두 번이 아님.

병길이와 친구들은 매일 자전거를 탄다. 하지만 준수는 나란히 달리자던 약속과 달리 항상 친구들보다 앞서간다. 준수가 약속을 지키지 않고 앞서가는 일은 비일비재다.

광남초1 정병길

! 한자 알아보기 ❶ 非:아닐 비 ❷ 一:한 일 ❸ 再:두 재

山川草木

산천초목
산과 내와 풀과 나무, 곧 자연을 의미함.

나는 식물을 자라게 하고, 동물들을 돌보며 산천초목을 지키는 산신령입니다.
앞으로도 쓰레기를 버리는 인간들에게는 벌을 내려 아름다운 산천초목을 지킬 겁니다.

송일초2 백서후

60 山川草木

산천초목
산과 내와 풀과 나무, 곧 자연을 의미함.

우리나라에는 산과 냇물과 숲이 아름답다.
난 우리나라 산천초목을 여행 다니면서 그림을 그려봐야지!

힐사이드 7세 이시아

❗ 한자 알아보기 ❶ 山:메 산 ❷ 川:내 천 ❸ 草:풀 초 ❹ 木:나무 목

61 山川草木

산천초목
산과 내와 풀과 나무, 곧 자연을 의미함.

우리나라는 따뜻한 햇빛, 뭉게뭉게 귀여운 구름, 노란 나비, 예쁜 꽃, 푸른 나무까지. 자연이 무척 아름답다. 나는 산천초목이 아름다운 우리나라가 정말 좋다!

메트로자연유치원 7세 장은재

! 한자 알아보기 ❶ 山:메 산 ❷ 川:내 천 ❸ 草:풀 초 ❹ 木:나무 목

63 三三五五

삼삼오오
삼사인이나 오륙인이 떼를 지은 모양.

친구들과 함께 삼삼오오 모여 축구를 했다.

용지초1 이강민

한자 알아보기 ❶ 三:셋 삼 ❷ 五:다섯 오

64 三十六計

삼십육계
불리할 때에는 도망가는 것이 가장 좋음.

누나가 물을 떠오면 선물을 준다고 했는데 안주고 삼십육계 도망을 갔다.

월암초2 박도윤

! 한자 알아보기 ① 三:셋 삼 ② 十:열 십 ③ 六:여섯 륙(육) ④ 計:셀 계

65 相扶相助

상부상조
서로 서로 도움.

발표가 부끄러웠던 나에게 친구가 용기를 줘서 다행히 발표를 잘했다.
며칠 후 친구가 다쳐서 내가 가방을 들어줬다. 역시 상부상조하니 행복해!

태화초1 장한

한자 알아보기 ❶ 相:서로 상 ❷ 扶:도울 부 ❸ 助:도울 조

66 雪上加霜

설상가상
눈 위에 서리가 덮인다는 뜻으로 불행한 일이 잇따라 일어남.

아침에 일어났는데 몸이 찌뿌둥해서 시계를 봤더니 지각이었다. 겨우겨우 챙겨서 집을 나와 등교하는데 핸드폰과 준비물을 안 들고 왔다. 수업을 하고 점심을 먹으려는데 내가 가장 싫어하는 급식 메뉴가 나왔다. 설상가상으로 계속 싫은 일이 생기는 걸 보니 오늘은 운이 좋지 않은 날인가 보다.

삼어초2 김가민

! 한자 알아보기 ❶ 雪:눈 설 ❷ 上:윗 상 ❸ 加:더할 가 ❹ 霜:서리 상

68 雪上加霜

설상가상
눈 위에 서리가 덮인다는 뜻으로 불행한 일이 잇따라 일어남.

회사에 다녀오신 아빠의 모습이 엉망이었다. 이유를 물어보았더니 출근길에 넘어지고, 회사에서는 의자 모서리에 박아 엉덩이를 다치셨다고 한다. 게다가 퇴근길에는 새똥을 맞았다고 했다. 그런데 씻으려고 할 때 하필 단수가 되었다. "정말 설상가상인 하루구나!!"라고 하셨다.

범물초2 하진

! 한자 알아보기 ❶ 雪:눈 설 ❷ 上:윗 상 ❸ 加:더할 가 ❹ 霜:서리 상

69 手不釋卷

수불석권
손에서 책을 놓지 않고 늘 글을 읽음.

학교 어디에서도 책을 읽는 친구. 복도에서도, 급식실을 갈 때도 책을 손에서 놓지 않았고 계단에서도 책을 읽다 쿵! 넘어졌다. 수불석권도 좋지만 계단은 늘 조심해야지.

백양초3 김은서

한자 알아보기 ❶ 手:손 수 ❷ 不:아닐 불 ❸ 釋:풀 석 ❹ 卷:책 권

70 手不釋卷

수불석권
손에서 책을 놓지 않고 늘 글을 읽음.

모범생은 언제나 항상 손에서 책을 놓지 않는다.
화장실에서도, 학교에서도, 집에서도 항상 수불석권! 책을 손에서 놓지 않는다.

용문초2 최지호

한자 알아보기 ❶ 手:손 수 ❷ 不:아닐 불 ❸ 釋:풀 석 ❹ 卷:책 권

73 是是非非

시시비비
옳은 것은 옳고 그른 것은 그르다고 공정하게 판단함.

미나와 지우가 학교를 마치고 집에 같이 가기로 했다.
그런데 지우가 약속을 지키지 않고 가버렸다. 화가 난 미나는 서연이에게 그 일을 말해 주었다.
다음 날 서연이가 시시비비를 가려주었다.

유천초4 류아름

한자 알아보기 ❶ 是:옳을 시 ❷ 非:아닐 비

74 深思熟考

심사숙고
깊이 생각하고 신중하게 일을 처리함.

경주 여행을 하다 갖고 싶었던 앵무새 연을 보았다.
살까? 말까? 고민 고민을 하다 심사숙고 끝에 사고 말았다. 마음에 꼭 든다.
역시 심사숙고해서 사기를 잘했다.

태화초2 이주은

! 한자 알아보기 ❶ 深:깊을 심 ❷ 思:생각 사 ❸ 熟:익을 숙 ❹ 考:생각할 고

75 十人十色

십인십색
사람마다 성격과 좋아하는 것이 다름.

우리 집 식구들은 모두 십인십색이다. 아빠는 골프를 좋아하고, 엄마는 요리하는 걸 좋아하신다.
누나는 피아노 치는 걸 좋아하고, 나는 킥보드 타는 걸 좋아한다.
우리는 한 가족이지만, 좋아하는 건 다른 십인십색이다.

연포초1 남유준

76 十人十色

십인십색
사람마다 성격과 좋아하는 것이 다름.

딸기를 좋아하는 친구도 있고 포도를 좋아하는 친구도 있다.
역시 십인십색이야. 이렇게 다양한 사람이 모이면 다양한 과일도 먹을 수 있겠다.

복산초1 정제인

❗ 한자 알아보기 ❶ 十:열 십 ❷ 人:사람 인 ❸ 色:빛 색

77 言行一致

언행일치
말과 행동이 하나로 같음.

수업시간에 집중하지 못하고 다른 생각을 했다. 집에 가서 아빠에게 혼났다. 동생과 벌도 섰다. 다음부턴 수업에 집중하자는 말에 언행일치하기로 약속했다.

청림초1 김지우

한자 알아보기 ❶ 言:말씀 언 ❷ 行:다닐 행 ❸ 一:한 일 ❹ 致:이를 치

78 言行一致

언행일치
말과 행동이 하나로 같음.

수업 시간에 '내가 행동으로 실천할 수 있는 바른 약속'으로
나는 분리수거를 잘하고 지하철에서 할머니께 자리도 양보하겠다고 발표했다.
나는 앞으로 내가 한 약속을 언행일치로 실천으로도 잘 옮기겠다고 결심했다.

용문초2 이하준

한자 알아보기 ① 言:말씀 언 ② 行:다닐 행 ③ 一:한 일 ④ 致:이를 치

79 年中無休

연중무휴
한 해 동안 하루도 쉬는 날이 없음.

○○분식집은 낮에는 문을 열고, 밤이 되면 문을 닫는다. 그럼 하루 종일 문을 여는 곳은 어디일까? 바로바로~ 우리를 안전하게 지켜주는 경찰청, 언제든 불이 나면 달려오는 소방서, 갑자기 아파도 갈 수 있는 병원, 우리나라 땅을 지키는 군대. 이곳은 모두 연중무휴! 감사합니다~

성동초1 안정빈

한자 알아보기 ① 年:해 년(연) ② 中:가운데 중 ③ 無:없을 무 ④ 休:쉴 휴

80 年中無休

연중무휴
한 해 동안 하루도 쉬는 날이 없음.

2024년 1월 1일 새해가 밝았다. 나는 아이스크림을 먹고 싶어서 마트를 갔는데 새해 첫날이라 그런지 문이 다 닫혀있었다. 조금 떨어진 곳에 365 마트는 문이 열려있었다. 직원 아저씨께 문 열었냐고 여쭈니 365 마트는 연중무휴라고 했다. 연중무휴? 뜻이 무엇이냐 물어보니 한 해 동안 쉬는 날이 없다는 뜻이라 하셨다. 아, 그래서 마트 이름이 365 마트구나 생각했다.

남천초1 유지성

! 한자 알아보기 ① 年:해 년(연) ② 中:가운데 중 ③ 無:없을 무 ④ 休:쉴 휴

81 年中無休

연중무휴
한 해 동안 하루도 쉬는 날이 없음.

오늘 엄마한테 놀이공원을 가자고 했다. 엄마가 오늘은 쉬는 날일 거라고 했다. 집과 가까워서 놀이공원을 가봤더니 연중무휴로 오픈한다고 한다. 그래서 신나게 놀 수 있었다.

신성초3 이윤서

82 右往左往

우왕좌왕
이리저리 왔다 갔다 하며 어디로 갈지 몰라 갈팡질팡함.

오늘 나는 용돈을 받았다. 용돈을 가지고 장난감 가게를 갈지 어묵 가게를 갈지 결정하지 못해 우왕좌왕했다. 고민하다가 배가 고파서 나는 어묵을 사 먹었다.

송일초3 이우준

한자 알아보기 ❶ 右:오른쪽 우 ❷ 往:갈 왕 ❸ 左:왼 좌

83 一家和親

일가화친
가족이나 친척이 사이좋게 지냄.

> 언니 생일에 가족과 다 같이 캠핑!

> 가족들과 함께 고기를 먹으니 더 맛있다!

> 진아야 같이 비눗방울 놀이 하자

> 우리 가족은 함께하면 즐거운 一家和親!

언니 생일 때 캠핑장에서 가족끼리 수영을 했다. 고기와 치즈도 다 같이 구워 먹고 마시멜로도 먹었다. 가족과 비눗방울 놀이도 하고 무지개도 같이 봤다. 무엇이든 함께 하고 즐겁게 지내는 우리 가족은 일가화친 사이다.

광남초1 배진아

한자 알아보기 ❶ 一:한 일 ❷ 家:집 가 ❸ 和:화할 화 ❹ 親:친할 친

84 一家和親

일가화친
가족이나 친척이 사이좋게 지냄.

우리 가족은 저녁마다 함께 게임 하며 즐거운 시간을 보낸다. 또 우리 가족은 방학마다 새로운 나라로 행복한 여행을 떠난다. 이렇게 가족이나 친척이 사이좋게 지내는 걸 일가화친이라 할 수 있다. 나는 일가화친한 우리 가족이 참 좋다!

라이즈유치원 7세 석민준

❗ 한자 알아보기 ❶ 一:한 일 ❷ 家:집 가 ❸ 和:화할 화 ❹ 親:친할 친

85 一口二言

일구이언
한 입으로 두말을 함.

내가 내일 친구에게 무슨 젤리를 줄지 물어보았다. "내일 하리보 젤리 줄까? 아니면 포카칩 줄까?" 친구가 포카칩을 달라고 해서 내일 주기로 약속했다. 그래서 친구에게 포카칩을 주었다. 그런데 그냥 하리보 젤리를 달라고 했다. "넌 일구이언이야!"

효성초2 성시원

한자 알아보기 ❶ 一:한 일 ❷ 口:입 구 ❸ 二:두 이 ❹ 言:말씀 언

86 一口二言

일구이언
한 입으로 두말을 함.

나는 엄마와 마트 가기 전, 장난감은 꼭 한 개만 사겠다고 약속했다. 하지만 막상 마트에 가니 갖고 싶은 장난감이 많아서 두 개를 사달라고 떼를 썼다. 약속을 지키지 않고 한 입으로 두 말하는 내 행동 때문에 엄마에게 혼이 났다. 앞으로는 일구이언하지 않고 내가 한 말은 지키는 사람이 될 것이다.

용문초1 정원찬

한자 알아보기 ❶ 一:한 일 ❷ 口:입 구 ❸ 二:두 이 ❹ 言:말씀 언

88 一石二鳥

일석이조
한 가지의 일로 두 가지의 이익을 얻음.

엄마가 운동하러 가자고 했다. 나는 운동이 싫다. 그런데 엄마가 3kg나 빠졌다고 한다.
신기했다. 운동을 하다가 쉬고 있는데 500원을 주웠다. 득템이다!
이게 바로 일석이조지!

용산초1 강나은

> 한자 알아보기 ❶ 一:한 일 ❷ 石:돌 석 ❸ 二:두 이 ❹ 鳥:새 조

89 一石二鳥

일석이조
한 가지의 일로 두 가지의 이익을 얻음.

내 생일에 엄마께 용돈 1,000원을 받고 아빠께도 10,000원을 받았다.
엄마, 아빠께 모두 받아서 일석이조 용돈이 많아졌다.

월암초1 정예찬

한자 알아보기 ❶ 一:한 일 ❷ 石:돌 석 ❸ 二:두 이 ❹ 鳥:새 조

90 一石二鳥

일석이조
한 가지의 일로 두 가지의 이익을 얻음.

주말 아침, 무얼 먹을지 고민하던 아빠가 마트 놀이를 하러 마트에 가자고 하셨다. 언니와 나는 마트에서 물건을 카트에 담는 마트 놀이도 하고, 시식 코너에서 맛있는 음식도 잔뜩 먹었다. 좋아하는 마트 놀이도 하고 배도 채우니 정말 일석이조다.

분도유치원 7세 조예린

! 한자 알아보기 ① 一:한 일 ② 石:돌 석 ③ 二:두 이 ④ 鳥:새 조

91 長幼有序

장유유서
어른과 어린아이 사이에는 순서와 질서가 있음.

나는 부엌에서 가장 좋아하는 딸기 케이크를 발견했다.
고모도 좋아하는 음식이라 고모를 드릴지, 내가 먹을지 고민에 빠졌다.
하지만 나는 장유유서를 생각해서 고모에게 케이크를 드렸다.

광남초1 조이현

! 한자 알아보기 ❶ 長:길 장 ❷ 幼:어릴 유 ❸ 有:있을 유 ❹ 序:차례 서

92 正正堂堂

정정당당
태도나 처지가 바르고 떳떳함.

친구와 술래잡기를 하는데 내가 좀 빨라서 친구가 꾀를 내었다.
그래서 난 내 친구에게 정정당당하게 하라고 화를 냈다. 그리고 나도 똑같이 꾀를 냈다.
그러자 내 친구도 나에게 정정당당하게 하라고 화를 냈다. (어쨌든 복수 완료!)

월암초2 하채원

한자 알아보기 ❶ 正:바를 정 ❷ 堂:집 당

93 朝三暮四

조삼모사
아침에 세 개 저녁에 네개.
간사한 꾀로 남을 속여 희롱함.

오늘 선생님이 수업 진도를 수학 책 4~10쪽까지 잡았다. 반 아이들이 너무 많다고 항의를 했다. 그래서 선생님은 지금 4~6쪽까지만 하고, 5교시에 7~10쪽 한다고 했다. 그러자 아이들도 동의를 했다. 반 아이들은 속았지만 나는 알고 있었다. 선생님의 말씀이 조삼모사 그 자체라는 것을...

남부초4 이도언

한자 알아보기 ❶ 朝:아침 조 ❷ 三:셋 삼 ❸ 暮:저물 모 ❹ 四:넷 사

95 竹馬故友

죽마고우
어릴 때부터 같이 놀며 자란 친구.

오늘은 죽마고우인 시우를 만나서 키즈까페에 가서 술래잡기도 하고 즐겁게 놀았다.

학산초1 안도경

❗ 한자 알아보기 ❶ 竹:대 죽 ❷ 馬:말 마 ❸ 故:연고 고 ❹ 友:벗 우

96 竹馬故友

죽마고우
어릴 때부터 같이 놀며 자란 친구.

시윤이는 나의 사촌이자 가장 친한 단짝 친구!
어렸을 때부터 같이 놀고 지금은 바둑도 같이 하고 학교도 같이 다니는 죽마고우이다.

태화초1 이시우

한자 알아보기 ① 竹:대 죽 ② 馬:말 마 ③ 故:연고 고 ④ 友:벗 우

97 重言復言

중언부언
같은 말을 자꾸 되풀이함.

어느 날 친구 사이인 할머니 둘이서 손자, 손녀와 함께 카페에 갔다. 할머니 A가 말했다. "여보게, 나 제주도 갔다 왔다네~" 할머니 B가 말했다. "어머, 좋겠네!" 그런데 방금 말했던 걸 또 말했다. 벌써 9번째다. 그걸 지켜보던 손자, 손녀가 이야기 했다. "할머니, 왜 중언부언하세요?" 할머니들은 "우리가 80이라 자꾸 깜빡하네." 우리는 모두 함께 웃었다.

송일초3 이재준

! 한자 알아보기 ❶ 重:무거울 중 ❷ 言:말씀 언 ❸ 復:다시 부

98 草綠同色

초록동색
서로 같은 처지나 비슷한 사람끼리 어울리거나 마음이 통함.

나는 학교를 마치고 떡볶이를 먹고 싶었다. 그래서 친구에게 함께 분식집에 가자고 했다. 친구도 마침 떡볶이가 먹고 싶었다며 같이 갔다. 우리는 참 초록동색인 것 같다.

유천초4 류다움

! 한자 알아보기 ❶ 草:풀 초 ❷ 綠:푸를 록(녹) ❸ 同:한가지 동 ❹ 色:빛 색

100 敗者無言

패자무언
싸움이나 경기에서 진 사람은 결과를 받아들이고 말이 없어야 함.

오늘 학교에서 회장, 부회장을 뽑는 날이다! 소희, 서주가 회장 선거에 나갔다. 투표 결과, 서주가 소희보다 2표 더 많아서 회장이 되었다. 소희는 불평을 많이 했다. 친구들은 서주를 축하해주었다.
"소희는 패자무언을 몰라!" 소희는 부끄러워 고개를 들지 못했다.

월암초2 김시은

한자 알아보기 ❶ 敗:패할 패 ❷ 者:놈 자 ❸ 無:없을 무 ❹ 言:말씀 언

part. 2

고사 만화 성어

아이들이 직접 그리고 쓴
희희낙락

고사성어에 실린 작품들은 2010년부터 현재까지 아이들이 직접 그리고 쓴 이야기로 구성 되어있습니다.

刻舟求劍

춘추시대 때 초나라의 한 젊은이가 배를 타고 양자강을 건너게 되었다. 강 한복판에 이르렀을 때 배가 잠시 기우뚱하는 바람에 그만 손에 들고 있던 칼을 빠뜨리고 말았다. 젊은이는 허둥지둥 손을 뻗어 잡으려 하였지만 이미 칼은 물 속 깊이 가라앉아 버렸다.

"이를 어쩌지?"

당황한 그는 허리춤에서 단검을 꺼내어 칼을 떨어뜨린 뱃전에 자국을 내어 표시했다. 이 모습을 본 승객들이 이상하게 생각하고 물어보았다.

"아니, 왜 뱃전에다 표시를 하는거요?"

은이가 대답하였다.

"칼을 떨어뜨린 자리에 이렇게 표시를 해두었으니 걱정할 것 없습니다. 곧 건질 수 있을 테니까요. 이렇게 표시를 해두었으니까 이제야 안심입니다."

자신만만하게 안도의 한숨을 내쉬던 젊은이는 마침내 배가 나루터에 닿자 곧 표시해 놓은 뱃전에서 물속으로 뛰어들었다. 하지만 칼이 그곳에 있을 리가 없었다. 많은 승객들이 젊은이를 비웃었지만 그는 여러 차례 강물 속으로 들어가 칼을 찾아 헤맸다. 하지만 배는 이미 칼을 빠뜨린 곳에서 많은 거리를 이동했기 때문에 아무리 찾아보아도 소용이 없었다.

이렇게 세상의 변화를 모르고 융통성 없이 자신의 옛 지식만 믿는 어리석음을 '각주구검(刻舟求劍)'이라고 한다.

> ❗ 젊은이는 칼을 떨어뜨린 뱃전에 왜 표시를 했을까?

각주구검

겉뜻 칼이 강물에 빠지자 뱃전에 표시했다가 나중에 그 칼을 찾으려함.
속뜻 융통성 없는 어리석음을 비유한 말.

남천중1 신민아

刻 새길 각   舟 배 주   求 구할 구   劍 칼 검

結草報恩

　진나라 때에 위무자라는 사람이 있었다. 그에게는 아름다운 첩이 하나 있었는데, 병이 들어 몸이 아파오자 자식도 없이 혼자 살게 될 첩의 처지가 걱정되었다. 그래서 그는 아들인 위과를 불러 자신이 죽거든 첩을 다른 곳으로 시집 보내주라며 여러 번 당부를 했다. 하지만 죽기 직전이 되자 위무자는

"내가 죽거든 첩을 나와 함께 묻어라. 혼자 죽는 것이 두렵구나."
라며 뜻밖의 유언을 했다.

　아버지의 갑작스런 유언에 위과는 고민했지만, 결국 아버지가 정신(精神)이 있을 때 했던 유언을 따르기로 결정하고 첩을 다른 곳으로 시집보내 주었다.

　세월이 흘러 진(秦)나라 환공이 진(晉)나라를 공격해 왔다. 장군이 된 위과도 전쟁에 나가게 되었는데 그만 크게 패해서 적의 우두머리인 두회에게 쫓기는 처지가 되었다. 위과가 정신없이 도망가는데 갑자기 뒤쫓아 오던 두회의 말이 묶여진 풀에 걸려 앞으로 꼬꾸라졌고, 그 순간 위과는 재빨리 말머리를 돌려 넘어진 두회를 잡았다. 우두머리를 포로로 잡은 진(晉)나라는 전쟁에서 승리할 수 있었다.

　그날 밤, 위과는 꿈에서 이상한 노인을 만났다. 누구냐고 묻는 위과에게 노인은

"오래 전, 당신 아버지의 첩을 살려준 적이 있지요? 내가 그 여자의 아비되는 사람이요. 당신이 내 딸의 목숨을 구해주었기 때문에 내가 싸움터에 풀을 묶어 내 딸의 은혜를 갚은 것입니다."
라고 말하며 사라졌다.

　이때부터 '결초보은(結草報恩)'은 고마운 마음을 잊지 못하고 죽어서도 풀을 묶어 은혜를 갚는다는 뜻으로 사용되었다.

❗ 위무자는 아버지의 마지막 유언을 왜 듣지 않았나요?

결초보은

겉뜻: 풀을 묶어 은혜를 갚음.
속뜻: 죽어서도 은혜를 잊지 않고 갚음.

분포초5 김선제

結 맺을 결 · 草 풀 초 · 報 갚을 보 · 恩 은혜 은

고사성어 이야기 3

刮目相對

《삼국지》〈오지〉 '여몽전'에 나오는 말이다.

위·촉·오 세 나라가 대립하던 삼국시대 때, 오나라에는 여몽이라는 장수가 있었다. 여몽은 어릴 때 집이 가난해서 글공부를 하지 못했지만 무예를 열심히 갈고 닦아 훌륭한 장수가 될 수 있었다. 그러던 어느 날 오나라의 임금인 손권이 학식이 부족한 여몽에게 공부를 하라고 권하며 말하였다.

"장수란 칼만 잘 쓴다고 되는 것이 아니라네. 광무제는 전쟁터에서도 손에서 책을 놓지 않았고, 조조는 늙어서도 배우기를 좋아하였다네."

여몽은 이때부터 공부를 시작하여 밥 먹는 것도 잠자는 것도 잊고, 심지어 말을 타고 있을 때도 책을 읽었다.

그 후 손권의 부하 노숙이 옛 친구인 여몽을 찾아가 대화를 나누다가 매우 박식해진 여몽을 보고 감탄하며 언제 그만큼 공부를 했는지 묻자, 여몽은

"선비가 만나서 헤어졌다가 사흘이 지난 뒤 다시 만날 때는 눈을 비비고 다시 볼 정도로 달라져야만 하네(刮目相對)."
라고 말하였다.

이후 다른 사람의 학식이나 재주가 놀랄 만큼 부쩍 늘어나 있을 때에 '괄목상대(刮目相對)'라는 말을 쓰게 되었다.

❗ 여몽은 어떻게 공부를 시작하게 되었을까요?

괄목상대

겉뜻 눈을 비비고 상대편을 봄.
속뜻 남의 학식이나 재주가 놀랄 만큼 부쩍 좋아짐.

민락초2 권규리

| 刮 비빌 괄 | 目 눈 목 | 相 서로 상 | 對 대할 대 |

九牛一毛

　한나라의 무제는 흉노족을 정벌하기 위해 이릉 장군을 보냈다. 이릉 장군은 열흘 간을 잘 싸웠지만 결국 흉노족에게 잡히고 말았다. 항복하지 않으면 모두 죽게 될 것이라 생각한 이릉은 칼을 버리고 흉노족에게 무릎을 꿇었다. 이 소식은 곧바로 한 무제에게 전해져 한 무제는 크게 화를 냈다.

"뭐야! 이릉이 항복을 해? 내 얼굴에 먹칠을 하다니. 이릉의 가족을 모두 죽여라."
　조정의 대신들은 무제가 두려워 아무도 나서지 못했고, 이를 보고 있던 사마천이 앞에 나서 하나하나 상황을 들어가며 이릉을 변호했다. 하지만 한 무제는 사마천에게 더욱 화가 났다.

"사마천, 너까지 나를 놀리는 것이냐! 너를 궁형에 처하겠다."
　궁형은 남자의 성기를 잘라 없애는 수치스러운 형벌이었다. 그는 차라리 자살을 하는 것이 낫겠다고 생각했지만, 중국 최초의 통사를 완성해 달라던 아버지의 유언을 떠올리며 마음을 다잡았다.

'더 큰 꿈을 위해서 부끄럽지만 살아야겠다. 내가 여기서 죽는다면 사람들은 아홉 마리의 소 가운데서 털 하나를 뽑는 것 같은 일(九牛一毛)이라고 나를 비웃겠지? 난 이 고통을 이겨내고 내가 계획한 일을 완성하고 말 테다.'
　결국 사마천은 자신의 결심대로 통사를 완성했고 그것이 바로 잘 알려진 《사기》라는 유명한 역사서이다.

　'구우일모(九牛一毛)'란 '아주 많은 것 중에 하나'라는 뜻으로, '없어지거나 사라져도 표시가 나지 않는 작은 것'을 뜻한다.

❗ 한 무제가 사마천에게 화가 난 이유는 무엇일까요?

구우일모

겉뜻 아홉마리의 소 가운데 박힌 하나의 털.
속뜻 매우 많은 것 가운데 극히 적은 수.

분포초1 도규원

九 아홉 구 　牛 소 우 　一 한 일 　毛 털 모

君子三樂

다음은 《맹자》<진심편>에 실린 내용이다.

"군자에게는 세 가지 즐거움이 있으나 천하의 왕이 되는 것은 이 세가지 속에 들어 있지 않다. 부모가 모두 살아 계무고한 것이 첫 번째 즐거움이요, 하늘을 우러러 부끄러움 없고 사람을 굽어 보아도 부끄럽지 않은 것이 두 번째 즐거움이요, 천하의 영재를 얻어서 교육하는 것이 세 번째 즐거움이다.

군자는 세 가지 즐거움이 있으나 천하를 통일하여 왕이 되는 것은 여기에 들어 있지 않다."

맹자가 말한 세 가지 즐거움 중에서 첫 번째는 하늘이 내려 준 즐거움이다. 부모가 살아계시는 것은 자식이 원한다고 되는 것이 아니므로 오랫동안 함께 할 수 있다면 그 자체로써 즐겁다는 말이다. 두 번째는 하늘과 땅에 한 점 부끄럼이 없는 삶을 강조한 것으로, 스스로의 인격 수양을 통해서만 가능한 즐거움이다. 세 번째는 자기가 갖고 있는 것을 다른 사람에게 베푸는 즐거움으로, 즐거움을 혼자만 누릴 것이 아니라 남과 함께 나누기를 바라는 것이다.

맹자는 세 가지 즐거움을 이야기하면서 왕이 되는 것은 여기에 들어 있지 않음을 두 번이나 강조하고 있는데, 나라를 다스릴 능력도 백성을 사랑하는 인자함도 없으면서 오직 전쟁을 통해서 나라만을 키우려고 한 당시의 군왕들에게, 왕 노릇보다 기본적인 사람이 되라는 맹자의 꾸짖음이 담겨있다.

❗ 맹자가 '군자삼락'에 왕이 되는 것은 없다고 말한 까닭은?

군자삼락

겉뜻 군자의 세 가지 즐거움.
속뜻 군자의 세 가지 즐거움.

군자의 3가지 즐거움이란 君子三樂

가족이 화목하고

하늘에 부끄럽지 않으며

훌륭한 제자를 키우는 것이다.

용문초3 조원진

君 임금 군 **子** 아들 자 **三** 셋 삼 **樂** 즐거울 락

錦上添花

송나라의 문장가 왕안석은 어느 날 잔치에 초대를 받았다. 그는 다른 손님들의 부탁으로 즉석에서 시 하나를 지었다.

좋은 모임에 초대를 받아 술잔을 비우려 하는데
아름다운 노래는 비단위에 꽃을 더한 듯
무릉도원에서 술과 안주를 대접받는 어부가 된 기분이네.
강 근처에는 아직도 붉은 노을 아름답게 비치는구나.

그의 시를 들은 사람들은 흐뭇한 미소를 지으며 그를 칭찬했다.

"과연 왕안석 공이십니다. 지금의 흥취를 더욱 살려 주십니다."

"비단 위에 꽃을 더한다……. 아주 멋진 구절입니다."

"비단은 지금의 술자리를 말하는 것이고, 노랫소리는 꽃을 말하는 것이니, 정말 절묘한 비유가 아닙니까?"

사람들은 왕안석이 지은 시를 함께 읊으며 흥겨운 분위기에 젖었다.

이 시는 왕안석이 정계를 떠나 한적한 곳에 *은거(隱居)해 살 때에 지은 시였다. 원래 속담이었는데 나중에 여러 시인들이 반복 사용하게 되어 관용구로 굳어진 것이다.

역시 송나라 때의 시인이었던 황정견의 시에도 '아침마다 비단위에 꽃을 수놓은 이불을 쓴다.'라는 구절을 사용하고 있다.

* 은거(隱居) : 피하여 숨어서 삶.

! '금상첨화'를 넣어 짧은 글을 지어볼까요?

금상첨화

겉뜻 비단 위에 꽃을 더함.
속뜻 좋은 일 위에 또 좋은 일이 더하여짐을 비유적으로 이르는 말.

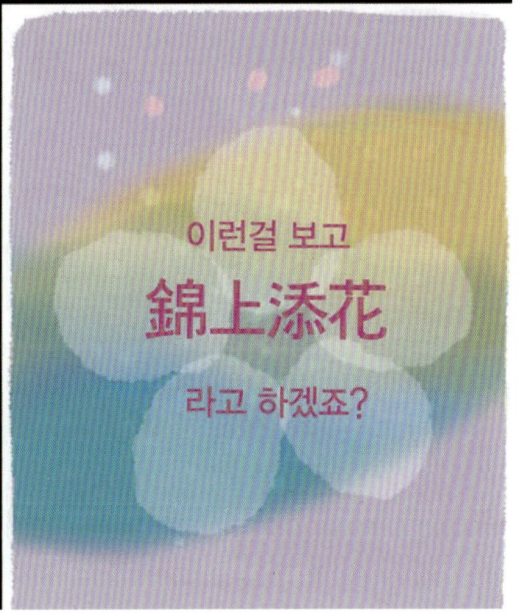

용문초4 김경민

| 錦 비단 금 | 上 윗 상 | 添 더할 첨 | 花 꽃 화 |

杞憂

기(杞)나라에 근심 많은 사람이 살고 있었다.

그는 잠도 못자고 먹지도 못하면서 '하늘이 무너지면 어쩌지? 땅이 꺼지면 어떻게 해야 하나?' 하며 걱정과 한숨으로 하루하루를 보냈다. 하루는 그 모습을 안타까워하던 친구가 찾아와 말했다.

"이보게, 하늘은 기운이 쌓여서 이루어진 것이야. 지금 자네가 들이마셨다가 내쉬는 것도 모두 하늘 속에서 일어나는 일이지. 그런데 어찌 자네는 하늘이 무너질 것을 걱정하는가? 이제 걱정 그만하고 밥도 먹고 잠도 자게나."

"자네 말대로 하늘이 기운으로 쌓여진 것이라면 해와 달이 떨어지진 않을까?"

"한심한 친구일세. 해와 달도 역시 기운이 쌓여진 곳에서 빛이 생긴 것이야. 떨어진다고 해도 역시 무사할 걸세."

"그럼 땅이 무너지면 어떡하지?"

"어허, 이보게. 땅이란 흙덩이가 쌓여 이루어진 것이지. 사방을 꽉 채우고 있어서 비는 데가 없어. 사람들이 걷고 밟는 것이 모두 땅 위에서 이루어지는데 어찌 땅이 무너질 것이라 걱정하는가?"

이때부터 쓸데없이 근심하는 것을 '기우(杞憂)'라고 한다.

❗ 기나라 사람의 근심을 통해 얻을 수 있는 교훈을 생각해 봐요.

기우

- 겉뜻: 중국 기(杞)나라 사람의 근심.
- 속뜻: 쓸데없는 걱정.

광남초6 박정원

杞 기나라 기 : **憂** 근심 우

騎虎之勢

남북조 시대의 일이다. 북조의 마지막 왕조인 선제가 죽자 외척인 양견이 왕위에 올라 국정을 처리하고 있었다. 한족이었던 양견은 자기 나라가 오랑캐의 지배 아래 있는 것을 대단히 원통하게 생각하였고, 기회만 있으면 다시 한족이 다스리는 나라를 세워야겠다고 다짐하던 중 선제가 죽은 것이다.

양견은 우선 궁중으로 들어가 은밀히 여러 일을 계획하고 의논하기에 이르렀다. 그의 뜻을 미리 알고 있었던 부인은 신하를 보내어 다음과 같이 남편을 격려하는 말을 전했다.

"호랑이를 타고 달리는 기세이므로, 힘차게 달리는 호랑이를 탄 이상 도중에서 내릴 수 없습니다. 만약 도중에 내려버린다면 호랑이에게 잡아먹힐 것입니다. 그러니 호랑이와 함께 끝까지 가지 않으면 안 됩니다."

이와 같은 아내의 말에 양견은 용기를 얻었다. 도중에 포기하거나 단념했다가는 도리어 목숨이 위태로워질지도 모른다고 생각하여 나랏일에 더욱 매진하였다.

양견은 결국 수나라를 세우고 왕위에 오르게 된다. 그가 바로 문제(文帝)이고, 그의 아내는 독고황후이다. 그로부터 8년 후 문제는 진나라마저 물리치고 천하를 통일하였다.

이처럼 어떤 일을 도모하다가 중간에서 그만 두면 손해가 되므로 계속 추진해야 할 때 '기호지세(騎虎之勢)'라는 말을 사용한다.

! 양견이 끝까지 포기하지 않은 이유는 무엇일까요?

기호지세

겉뜻: 호랑이를 타고 달리는 기세.
속뜻: 어떤 일을 계획하고 시작한 이상 중도에 그만둘 수 없는 형편.

남천초5 류난희

騎 말탈 기 · 虎 호랑이 호 · 之 갈 지 · 勢 형세 세

難兄難弟

중국 한나라 말 진식이라는 선비는 태구의 현령으로, 적은 돈을 받고 있으면서도 덕망이 높아 사람들의 존경을 받고 있었다.

그에게는 진기와 진심이라는 두 아들이 있었다. 두 아들도 학문이 깊고 영특하며 인품 역시 뛰어났다. 사람들은 이들을 '세 군자'로 불렀다.

진기와 진심은 결혼을 하여 각각 진군과 진충이라는 아들을 두었다.

어느 날 진군과 진충은 서로 자신의 아버지가 더 훌륭하고 학문이 깊다며 입씨름을 벌였다. 한참 동안 말다툼이 계속 되었지만 아무래도 결론이 나지 않았다. 그들은 할아버지 진식에게 판정을 내려줄 것을 요청했다.

손자들의 물음에 잠시 생각에 잠긴 진식은 다음과 같이 말하였다.

"원방도 형 되기가 어렵고, 계방도 동생 되기가 어렵다(難兄難弟)."

원방은 큰 아들을 말하고 계방은 작은 아들을 말한다. 이 말은 결국 형이 나은지 동생이 나은지 명확하게 알 수 없다는 것이었다. 아버지 진식은 어느 아들이 더 나은지 알고 있었을 것이다.

그러나 손자들에게 사실대로 말하면 아버지에 대한 존경심이 없어질까 염려하여 그렇게 말한 것이다.

'난형난제(難兄難弟)'는 이 이야기에서 유래되었다. 결국 누가 더 낫고 누가 더 못한지 가릴 수 없음을 가리키는 말이다.

! 진식이 어느 아들이 더 나은지 손자들에게 말하지 않은 이유는 무엇일까요?

난형난제

겉뜻 형이 되기도 어렵고 동생이 되기도 어려움.
속뜻 사물이 서로 비슷하여 우열을 가리기 힘든 경우.

분포초2 전호영

難 어려울 난   兄 맏 형   難 어려울 난   弟 아우 제

大器晚成

　삼국시대, 위나라에 최염이란 유명한 장군이 있었다. 그런데 용맹한 최염에 비해 그의 사촌 동생 최림은 별다른 재능을 보이지 않았다. 이에 최림은 친척들에게 멸시를 당하고 살았다. 하지만 최림이 훌륭한 인물이 될 것을 알아 본 최염은 이렇게 말했다.

"큰 종이나 솥은 쉽게 만들어지지 않는다. 큰 인물도 이와 마찬가지다. 너도 큰 종이나 솥처럼 '대기만성(大器晚成)'형이다. 장담하건데, 너는 틀림없이 큰일을 하는 인물이 될 것이다."

최염의 말처럼 훗날 최림은 천자를 보좌하는 인물이 되었다.

노자 41장에 보면 다음과 같은 말이 있다.

'커다란 사각은 지나치게 커서 그 모퉁이가 보이지 않고 최고의 가치가 있는 그릇은 모든 것의 최후에 완성된다. 가장 강한 소리는 도리어 소리가 나지 않고 가장 큰 형태는 도리어 형상이 없다. 절대적인 불면의 도는 이처럼 광대해 그 정체를 알 수 없는 것이다.'

즉, 위대하고 훌륭한 것은 보통 사람이 보거나 생각 할 때 어딘가 모자란 듯 하거나 그 이뤄짐이 느리다는 말이다.

이로부터 '대기만성(大器晚成)'이란 표현이 유래 되었고, 흔히 뒤늦게 성공한 사람을 이르는 말로 사용한다.

! 최염은 최림에게 어떤 말로 용기를 북돋아 주어을까요?

대기만성

겉뜻: 큰 그릇은 늦게 만들어짐.
속뜻: 크게 될 사람은 쉽게 만들어지지 않음.

광남초6 남효원

大 큰대　**器** 그릇기　**晩** 늦을만　**成** 이룰성

讀書百遍義自見

주자는 스스로 다음과 같은 말을 남겼다.

"책은 다만 읽음으로써 귀해지는 것이고, 읽는 것이 많아지면 자연스럽게 깨닫게 되는 것이다."

동우도 말하기를
"책을 여러 번 읽다보면 그 뜻이 저절로 드러난다."라고 말하였다.

동우는 후한 말기의 사람으로 학문을 좋아하여 독서에 힘을 쏟았다. 학문에 대한 동우의 명성이 높아지자 글을 배우러 오겠다는 사람들이 늘어났다. 배움을 청하는 사람들에게 동우는 다음과 같이 말했다.

"나에게 배우기보다는 집에서 자네 혼자 읽어보게. 스스로 백 번을 거듭해서 읽다 보면 그 뜻이 저절로 드러날 것일세."

흔히 아무리 이해하려 해도 모르겠다며 책 읽기를 포기하는 사람들이 있다. 하지만 그 뜻을 알 수 있을 때까지 되풀이해서 읽는다면 언젠가는 뜻이 통하기 마련이다.

이처럼 '독서백편의자현(讀書百遍義自見)'은 끈기를 가지고 책을 자꾸 읽다 보면 언젠가는 뜻이 통한다는 뜻으로, 반복하다 보면 진리를 알게 된다는 이야기이다.

! 내가 읽은 책 중에 여러번 읽은 책은 무엇인가요?

독서백편의자현

겉뜻 책을 여러 번 읽으면 그 뜻이 저절로 드러남.
속뜻 무엇이든지 끈기있게 반복하다보면 진리를 알게됨.

용문초5 장명서

讀 읽을 독　書 글 서　百 일백 백　遍 두루 편　義 옳을 의　自 스스로 자　見 볼 견/볼 현

同病相憐

고사성어 이야기 12

 전국시대 때, 초나라에서 아버지와 형이 살해당하자 복수를 위해 오나라로 온 오자서라는 사람이 있었다. 오자서가 오나라에서 공을 세워 벼슬하고 있을 때, 초나라에서 백비라는 사람이 찾아왔다. 백비 역시 초나라에서 아버지가 살해당한 처지였다. 오자서는 백비를 불쌍히 여겨 그를 벼슬자리에 앉혔다. 그러자 그때 대부였던 피리가 오자서에게 물었다.

"당신은 백비를 한 번 본 것뿐인데, 어째서 그를 믿는 것입니까?"

"그도 나와 같은 일을 당했기 때문입니다. 노래에도 이런 말이 있지요.

　同病相憐　같은 병을 앓은 사람끼리 서로 불쌍히 여기고,
　同憂相救　같은 걱정을 가진 사람끼리 서로 돌보아주네.
　驚翔之鳥　깜짝 놀라 날아오르는 새는
　相隨相飛　서로 따라 날아오르고,
　瀨下之水　졸졸 흐르는 시냇물도
　因復俱流　앞뒤물결이 함께 흐르네.
라고 말이오."

그 후 오자서는 백비를 높은 벼슬로 올렸다. 하지만 오자서는 훗날 백비의 배신으로 죽음을 당하고 만다.

'동병상련(同病相憐)'이란 '같은 병을 앓는 사람끼리 서로 불쌍히 여긴다'는 뜻으로, '같은 일로 괴로워하는 사람끼리 서로 마음을 알고 동정한다'는 뜻이다.

! 오자서가 백비에게 벼슬자리를 준 이유는 무엇일까요?

동병상련 겉뜻 같은 병을 앓는 사람끼리 서로 가엽게 여김.
속뜻 어려운 처지에 있는 사람끼리 서로 불쌍히 여겨 동정하고 서로 도움.

오륙도초4 남예인

| 同 한가지 동 | 病 병 병 | 相 서로 상 | 憐 불쌍히 여길 련 |

고사성어 이야기 13

馬耳東風

당나라 대시인 이백은 친구 왕십이가 보내준 시에 대한 회답으로 <답왕십이한야독작유회>라는 시를 지어 보냈다.

世人聞此皆掉頭　세상 사람들은 우리가 지은 시부를 들어도 고개를 가로저으며 들으려 하지 않음이
有如東風射馬耳　마치 봄바람이 말의 귀에 부는 것과 같다.

왕십이가 자신의 불우한 처지를 담아 이백에게 호소를 했고, 이백은 하소연 할 곳도 없이 쓸쓸히 지내고 있을 왕십이를 생각하여 답시를 적었다.

그 당시 당나라는 변경의 싸움에서 작은 공을 세워도 마치 충신이나 된 듯 날뛰는 세상이었다. 당시사회가 무인만을 존경하다보니 재능 있는 문인들은 북쪽으로 난 창 아래서 시를 읊으며 세월을 보낼 뿐이었다. 게다가 아무리 훌륭한 시를 지었다 하더라도 세상에서는 도무지 그것을 알아주지 않았다.

이백은 세상 사람들이 시인들의 훌륭한 작품을 제대로 평가하지 않는 안타까움을 '동풍이 말 귀를 쏘는 것 같구나.'라고 말하고 자신의 마음을 담아 시로 표현하였다.

이로부터 무슨 말을 듣고 전혀 깨닫지 못하거나 건성으로 이야기를 들을 때 '마이동풍(馬耳東風)'이라 표현하게 되었다.

! '마이동풍'을 넣어 짧은 글을 지어봐요.

마이동풍

겉뜻: 말 귀를 스치는 동풍.
속뜻: 남의 말을 귀담아 듣지 않고 그대로 흘려버림을 일컫는 말.

분포초4 이동현

| 馬 말 마 | 耳 귀 이 | 東 동녘 동 | 風 바람 풍 |

고사성어 이야기 14

麥秀之嘆

은나라에 주왕(紂王)은 포악한 정치로 이름을 떨쳤다.

당시 충성스러운 신하 미자(微子), 기자(箕子), 비간(比干) 이렇게 세 사람이 있었는데, 주왕의 형인 미자는 주왕이 충고를 듣지 않자, 다른 나라로 떠나버리고, 비간은 충언을 하다가 죽임을 당하였다.

기자는 목숨이라도 구하기 위해 미친 사람처럼 머리를 풀어 헤치며 다니다가 남의 집 종이 되었다.

그 후에 무왕(武王)이 은나라를 멸망시켰고, 무왕은 기자의 인품을 높이 사 자신의 옆에서 *보좌(補佐)하게 하였다.

몇 해가 지난 어느 날 기자는 옛 은나라의 도읍을 지나가게 되었다. 그 화려하고 번화했던 도읍지는 보리와 기장만이 무성하게 자라고 땅은 *폐허(廢墟)로 변해 있었다. 이것을 본 기자는 조국의 멸망을 탄식하며 시를 읊었다.

麥秀漸漸兮   무성하게 자란 보리여
禾黍油油   벼와 기장도 가득하구나
彼狡童兮   저 교활한 어린 아이가
不與我好兮   내 말을 듣지 않은 탓이지

이때부터 멸망한 나라를 탄식할 때 '麥秀之嘆 (맥수지탄)'이라고 한다.

* 보좌(補佐) : 자기보다 지위(地位)가 높은 사람을 도움
* 폐허(廢墟) : 건물이나 성 따위가 파괴되어 황폐하게 된 터

! 은나라가 멸망한 이유는 무엇이일까요?

맥수지탄 겉뜻 보리가 무성하게 자란 것을 보고 내는 탄식.
속뜻 나라가 멸망하는 것을 탄식함을 이르는 말.

용문초3 김도운

麥 보리 맥 　秀 빼어날 수 　之 갈 지 　嘆 탄식할 탄

고사성어 이야기 15

盲人摸象

옛날 인도의 경면왕이 장님들을 모아놓고 코끼리를 만져보게 한 다음 그 모습을 말해 보게 하였다.

장님들은 제각기 코끼리를 만져보고 느낀 점을 말하기 시작했다.

먼저 코끼리의 이빨을 만져 본 장님이 말했다.

"코끼리의 모습은 굵고 큰 무와 같습니다."

그 다음 장님이 귀를 만져 보더니 말했다.

"코끼리의 모습은 쌀을 까부는 키와 같습니다."

그리고 코끼리의 발을 만져본 장님이 다음과 같이 말했다.

"코끼리의 모습은 절구통과 같습니다."

이어 코끼리의 등을 만져 본 장님이 말했다.

"제가 보기엔 평평한 침대와 같습니다."

그러자 마지막으로 코끼리의 꼬리를 만져 본 장님이 큰 소리로 외쳤다.

"천만의 말씀입니다. 모두 틀렸습니다. 코끼리의 모습은 굵은 밧줄과 꼭 같습니다."

이들은 각자 자기의 생각이 옳다고 주장했다. 그 이유는 장님들은 코끼리 전체를 만져 보지 않고, 일부만 만져보았기 때문이다.

그래서 '맹인모상(盲人摸象)'이란 전체적으로 이해하지 못하고 자기가 보거나 들은 것에만 근거해서 주장을 내세우는 것을 말한다.

❗ 장님들이 각자 자기의 생각이 옳다고 주장한 이유는 무엇일까요?

맹인모상

- **겉뜻**: 장인들이 코끼리를 만짐.
- **속뜻**: 사물의 일부만 알면서 함부로 전체에 대한 결론을 내리는 좁은 견해.

용문초5 박현재

盲 소경 맹 　 人 사람 인 　 摸 찾을 모 　 象 코끼리 상

고사성어 이야기 16

矛盾

중국 초나라 때, 거리에서 창과 방패를 파는 장사꾼이 있었다.

그가 가지고 온 무기를 꺼내어 놓자 사람들이 구름처럼 몰려들었다. 장사꾼은 먼저 방패를 들더니 자랑하며 말했다.

"이 방패는 보통 방패가 아닙니다. 얼마나 튼튼한지 아무리 날카로운 창이라도 결코 뚫을 수가 없어요. 자, 제 말이 의심스러우면 나와서 한번 두들겨 보세요."

사람들은 방패에 관심을 보이기 시작했고, 신이 난 장사꾼은

"이런 방패는 쉽게 만날 수 없습니다. 구경만 하지 말고 하나 사두는 게 좋을 거요." 하며 사람들에게 방패를 팔았다.

그리고 이번에는 창을 집어 들고 자랑하며 말했다.

"자, 이 창을 보세요. 보기에도 아주 날카로워 보이지요? 이 창으로 뚫지 못할 방패는 없답니다."

하며 사람들에게 창을 보여 주었다.

그러자 잠자코 구경하던 한 노인이 장사꾼에게 물었다.

"이보게, 그럼 자네가 파는 그 날카로운 창으로 아까 그 방패를 찌르면 어떻게 되는 건가?"

장사꾼은 순간 머릿속이 캄캄해져서 할 말을 잃었다. 모여 있던 사람들이 웃음을 터뜨리자 장사꾼은 황급히 무기들을 챙겨 도망치듯 사라졌다.

즉 '모순(矛盾)'은 창과 방패라는 뜻으로, 어떤 사실의 앞뒤, 또는 두 사실이 어긋나서 서로 맞지 않음을 이르는 말이다.

❗ 장사꾼은 창과 방패를 팔 때 어떤 물건이라고 자랑했나요?

모순

겉뜻 창과 방패.
속뜻 마링나 행동이 앞뒤가 전혀 맞지 않음.

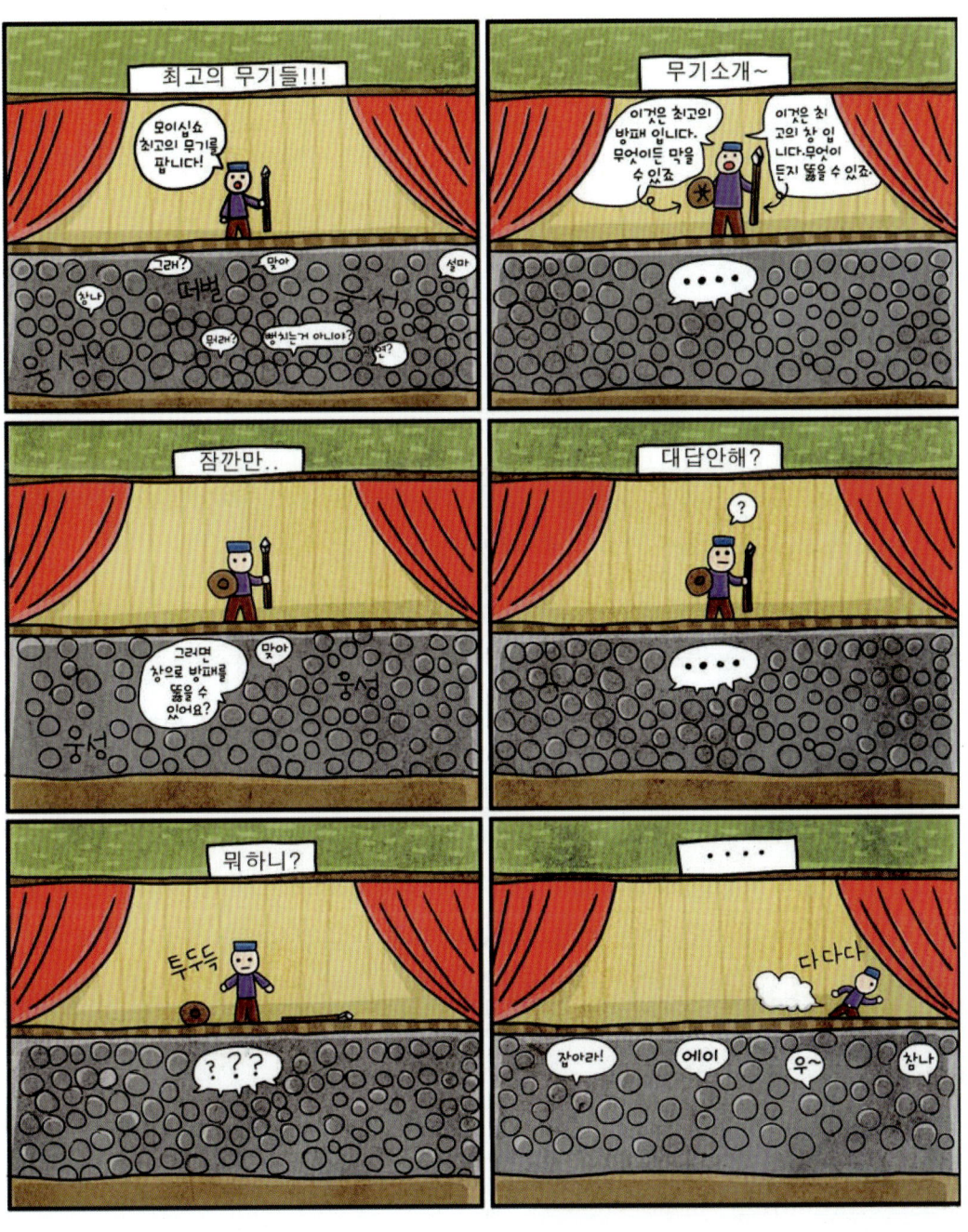

광남초4 남한송

矛 창**모** ┆ 盾 방패**순**

白駒之過隙

《장자》의 <지북유편>에 다음과 같은 이야기가 있다.

"사람이 하늘과 땅 사이에서 사는 것은 마치 흰 말이 달려가는 것을 문틈으로 보는 것처럼 순간일 뿐이다."

모든 사물이 물이 솟아나듯 문득 생겨났다가 물이 흘러가듯 사라져 간다. 즉, 사물은 모두 자연의 변화에 따라 생겨났다가 다시 변화에 따라 죽는 것이다. 생물들은 이를 슬퍼하고 사람들도 이를 애석해 한다.

《사기》의 <유후세가>에도 다음과 같은 이야기가 있다.

"인간의 한 세상은 마치 흰 말이 달려가는 것을 문틈으로 보는 것처럼 한순간이다. 어찌 스스로 괴로워하는 것이 이에 이르겠는가."

죽음이란 화살이 활 통을 빠져 나가는 것처럼 분주하고 뚜렷하니 영혼이 이 세상을 떠나려고 하면 육체도 이를 따르는 법이니, 이 얼마나 거대한 돌아감인가!

이처럼 '백구지과극(白駒之過隙)'은 이 세상에서의 시간이 평소에는 빨리 지나가는 것을 느끼지 못하지만, 뒤돌아보면 인생이 빨리 지나간 것을 알게 된다는 뜻이다.

덧없는 인생의 허무함, 순식간에 지나가는 인생을 흘러가는 물에 비유한 것이다. 빠르게 흘러가는 인생을 막을 수 없기 때문에 매순간을 진실하고 성실하게 살아가라는 교훈도 함께 전해 준다.

❗ 위이야기에 담긴 교훈은 무엇일까요?

백구지과극

겉뜻: 흰 망아지가 문틈으로 지나가는 듯한 시간.
속뜻: 세월이 빨리 흐르는 것을 비유하는 말.

용문초5 박민규

白 흰 백 　 駒 망아지 구 　 之 갈 지 　 過 지날 과 　 隙 틈 극

白眉

위·촉·오 세 나라가 서로 권력을 다투던 삼국시대 때의 일이다.

촉나라 유비의 신하 중 뛰어난 지혜를 가진 '마량'이란 사람이 있었다. 그는 걸출한 재능을 가지고 있었으며 군사전략에서도 뛰어난 능력이 있었다. 유비는 그에게 종사의 벼슬을 내렸고, 이후 유비가 오나라를 정벌할 때에도 마량이 큰 기여를 했다.

뿐만 아니라 '마량'은 제갈량과도 절친한 사이였으며, 세 치의 혀로 남쪽 변방 오랑캐의 무리 모두를 부하로 삼는데 성공했다. 이렇듯 마량은 뛰어난 말솜씨와 덕있는 성품뿐만 아니라 무예와 지혜가 뛰어난 인물이었다.

그는 다섯 형제 중 맏이였는데 그의 형제들 또한 일반 사람을 뛰어넘는 재주가 있었다. 이들 형제는 자신들이 살았던 지역에서도 평판이 자자하여 '마씨 오상'이라 불렸다. 그 중 특히 '마량'은 태어날 때부터 눈썹에 흰 털이 섞여 있어 고향 사람들은 다음과 같이 말하였다고 한다.

"마씨 다섯 형제의 기량이 모두 뛰어나지만 그 중에서 단연코 흰 눈썹(白眉)을 가진 첫째 '마량'이 가장 훌륭하다."

이때부터 형제뿐 아니라 비슷한 나이나 같은 계통의 사람들 중에서 가장 뛰어난 사람을 가리켜 '백미(白眉)'라 부르게 되었다.

! 마량을 '백미'라 부르게 된 이유를 생각해 봐요.

백미

겉뜻 흰 눈썹.
속뜻 여럿 중 가장 뛰어난 인물이나 사물.

용문초4 박현우

白 흰 백　　眉 눈썹 미

伯牙絕絃

전국시대 때, 거문고의 명인 백아라는 사람이 있었는데, 그에게는 자신의 음악을 듣고 진정으로 이해해주는 절친한 친구 종자기가 있었다.

백아가 높은 산을 오르는 생각을 하며 거문고를 타자, 종자기는

"정말 훌륭해! 높은 산이 눈앞에 보이는데, 마치 태산인 듯 하구려."
라며 칭찬을 아끼지 않았고, 또 흐르는 물을 생각하며 연주 하자

"좋구나, 거문고 소리여. 큰 강물이 도도히 흐르는 느낌인데, 마치 황하와 같구나."
라며 맞장구를 쳐 주었다.

하루는 백아가 종자기와 태산 북쪽으로 놀러갔다가 갑자기 폭우가 쏟아져 바위 아래에서 비를 피하게 되었다. 그는 문득 마음이 슬퍼져서 거문고를 당겨 이것을 노래했다. 처음에는 비가 내리는 곡조인 임우지곡(霖雨之曲)을 연주했고, 다음에는 산이 무너지는 곡조인 붕산지곡(崩山之曲)을 만들었다. 곡조를 연주할 때마다 종자기는 백아가 의도한 마음을 정확히 알아맞혔다. 이렇듯, 종자기는 거문고 소리만으로 백아의 마음을 이해하고 감상할 수 있는 능력이 있었고, 두 사람은 그만큼 마음이 맞는 친구가 되었던 것이다.

하지만 불행하게도 종자기가 병을 얻어 갑자기 죽고 말았다. 그러자 백아는 너무 슬픈 나머지 그토록 좋아하던 거문고의 줄을 끊고 두 번 다시 거문고를 손에 들지 않았다. 자기의 마음을 알아주던 종자기가 없으니 거문고를 연주할 의미도 없다고 생각했던 것이다.

깊은 속마음까지 알아주고 위하는 진정한 우정을 말할 때 '백아절현(伯牙絕絃)'이라 말하며, 자기를 알아주는 친구라는 뜻인 '지기(知己)'를 '지음(知音)'이라고 하는 것도 이 고사에서 나온 말이다.

❗ 백아가 거문고 줄을 끊은 이유는 무엇일까요?

백아절현

겉뜻 백아가 거문고 줄을 끊음.
속뜻 깊은 속마음까지 자기를 알아주고 위하는 친구.

용문초4 조민재

伯 맏 백   牙 어금니 아   絶 끊을 절   絃 줄 현

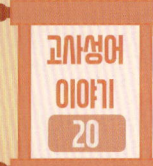

不夜城

　불야성은 밤에도 불이 환하게 많이 켜져 있어서 그 모습이 장관을 이루며, 사람들이 많이 몰려들어 떠들썩한 번화가의 밤 풍경을 말한다.

　불야성은 원래 지명(地名)이었는데,《삼제략기(三齊略記)》에 다음과 같은 말이 있다.

　'양천 동남쪽에 있는 불야성은 옛날부터 밤에도 해가 떠서 이 성(城)의 이름을 '불야(不夜)'라 부르고 그 지역을 특별하게 여겼다.'
라는 구절이 나오는데 불야성은 여기에서 유래한 한자성어이다.

　그리고《한서지리지(漢書地理志)》에 따르면, 불야성은 중국 한(漢)나라 때 밤에도 해가 떠서 밝았다는 전설이 전해지는 곳으로 지금의 산동성(山東省)에 있었던 불야현(不夜縣)을 가리키기도 한다.

　또한 소정(蘇珽)은 <광달루하야시포연응제시(廣達樓下夜侍酺宴應製詩)>에서 다음과 같이 읊었다.

樓臺絶勝宜春苑 　누대의 빼어난 경관을 춘원이라 부른 것이 당연한데
燈火還同不夜城 　등불은 연이어져 불야성(不夜城) 같구나

　이로부터 등불이 휘황찬란하게 켜져 있어 한밤중에도 대낮같이 밝은 번화한 도심의 거리를 나타내거나 사업이나 경제상황이 매우 호황을 이룰 때 '불야성(不夜城)같다'라는 표현을 쓰게 되었다.

> ❗ 우리나라에서 계절마다 '불야성'을 이루는 곳은 어디일까요?

불야성

겉뜻: 밤이 없는 성.
속뜻: 밤새도록 불이 밝혀져 있는 모습으로, 번화가의 밤풍경을 말함.

용문초5 남서정

不 아닐 불 : 夜 밤 야 : 城 재 성

四面楚歌

　초나라 왕 항우가 한나라의 유방과 싸우다 패하여, 해하성으로 피신해 들어갔다. 그러나 군사들의 수가 이미 반으로 줄어들었고 식량도 다 떨어져 버틸 힘이 없었다. 게다가 한나라 군대는 성을 몇 겹으로 둘러싸고 밤마다 초나라 노래를 불렀다. 하루 이틀이 지나자 그리운 고향의 노랫소리를 듣고 마음이 약해진 초나라 군사들이 도망을 치기 시작했다. 이것은 초나라 군사들의 마음을 흔들기 위한 한나라의 심리전술이었다. 며칠 후 항우는 스스로 이별의 잔치를 베풀었고, 그 자리에서 시 한 수를 지었다.

力拔山兮氣蓋世　힘은 산을 뽑아버리고, 기개는 세상을 덮었는데
時不利兮騅不逝　시세가 불리하니 추도 가려하지 않는구나.
騅不逝兮可奈何　추도 가려하지 않으니, 이를 어찌할 것인가?
虞兮虞兮奈若何　우미인아, 우미인아, 그댈 어찌할 것인가?

　이 시에서 '추'는 항우가 아끼는 말(馬)을 말하며, '우미인'은 항우가 사랑하는 여인을 말한다. 시를 읊고 난 항우의 뺨에는 눈물이 흘렀고, 좌우의 사람들도 모두 슬피 울었다.

　항우는 다음날 스스로 제 목을 쳐서 31세의 젊은 나이로 죽었다. 싸움에서 지고 나라로 돌아가는 것을 부끄럽게 생각한 것이었다.

　'四面楚歌(사면초가)'는 '사방에서 초나라의 노래가 들린다'는 뜻으로, '완전히 궁지에 몰려 도저히 빠져나갈 수 없는 상황'을 뜻한다.

> ❗ 내가 아무 도움 없이 곤란한 상황에 빠진 적은 언제였나요?

사면초가

겉뜻 사방에서 들리는 초나라의 노래.
속뜻 아무에게도 도움을 받지 못하는, 곤란한 지경에 빠진 형편을 이르는 말.

분포중3 추동형

| 四 넷 사 | 面 낯 면 | 楚 초나라 초 | 歌 노래 가 |

似而非

어느 날 제자 만장(萬 章)이 찾아와 맹자에게 물었다.

"마을 사람들이 모두 어떤 이를 '향원(鄕 原 : 점잖은 사람)'이라고 칭찬했다면 그가 어디를 가더라도 훌륭한 사람이 아닐까요? 근데 왜 유독 공자께서만 향원을 '거짓 군자'라고 미워하셨을까요?"

그러자 맹자는 대답했다.

"그를 비난하려고 해도 비난할 것이 없고, 공격하려 해도 공격할 것이 없단다. 겉으로 봐서는 예의와 법도에 어긋남이 없고, 집안에서는 가족에게 충실한 것 같고, 바깥세상에서도 청렴결백한 것 같아 모두 그를 따르며 좋아하고, 자기 스스로도 군자라고 여기지. 하지만 향원은 절대 요(堯)와 순(舜)임금 같은 진정한 군자의 도(道)에 들어갈 수 없단다. 오히려 그는 '덕을 해치는 사람'이지."

라며 말을 이었다.

"공자께서 말씀하시기를 '나는 사이비한 것을 미워한다[孔子曰 惡似而非者]'라고 하셨단다. 사이비(似 而 非)는 겉은 그럴듯하지만 겉과 속이 전혀 다른 것을 의미하지. 그래서 항상 공자께서는 '비슷한 척'하는 것들에 대해 경계하라고 가르치셨단다."

원래 향원 또한 '마을의 성실한 사람'이란 뜻이다. 하지만 그 성실함이 자신의 마음에서 자연스럽게 우러나온 행동이 아니라, 사람들에게 보이기 위한 처세술로 군자인 척 행동하기 때문에 '덕을 해치는 자'라고 공자가 비판했던 것이다.

이때부터 가짜인데 비슷한 것처럼 속이는 행위를 두고 '사이비(似 而 非)'란 용어를 쓰게 되었다.

> ❗ 공자께선 향원은 왜 '거짓 군자'라며 미워했나요?

사이비

겉뜻 비슷하나 같지 않음.
속뜻 겉으로 보기에는 비슷한 것 같으나 실제로는 아주 다른 가짜.

남천중1 김서영

似 닮을 사 　 而 말이을 이 　 非 아닐 비

殺身成仁

춘추 시대의 대학자 공자가 가장 중요하게 생각했던 덕목은 '인(仁)'이었다. '살신성인(殺身成仁)'은 공자의 언행을 수록한 《논어》 <위령공편>에 나오는 한 구절이다.

志士仁人 뜻을 지닌 선비와 어진 사람은
無求生以害仁 살기 위하여 '인'을 저버리지 않으며
有殺身以成仁 자신의 몸을 죽여서 '인'을 이룬다.

'의'에 뜻을 둔 사람과 '덕'을 갖춘 사람은 자신의 목숨을 유지하기 위하여 '인'을 잃는 일은 결 단코 하지 않는다. 오히려 자신의 목숨을 버려 '인'을 이루고자 힘쓸 뿐이다. 공자는 진리라고 믿는 것 앞에서는 자신의 목숨도 아까워하면 안 된다는 사실을 우리에게 이야기 하고 있다.

공자 사상의 중심인 '인'은 공자의 제자 증자가 《논어》 <이인편>에서 이야기 하듯이 '충(忠)'과 '서(恕)'에 이른다. '충'은 자신에게 최선을 다하는 것이고, '서'란 '충' 정신이 남에게까지 이 르는 것이다. 증자는 공자의 '인'이 바로 '충'과 '서'를 가리키는 것으로 보았다.

실제로 몸을 죽여서 어진 일을 행하는 것이 옳지 않은 것을 보고도 그냥 지나치는 것보다 훨씬 마음이 편안하다.

이렇게 보통 개인의 이익을 버리고 남을 위해 희생할 때 '살신성인(殺身成仁)'이라고 부른다.

> 공자가 자신의 목숨을 버리면서까지 지켜 내려 한 것은 무엇일까요?

살신성인

겉뜻: 몸을 죽여 어진 일을 이룸.
속뜻: 다른 사람 또는 큰일을 위해 목숨을 버림.

남천초6 고경완

殺 죽일 살   身 몸 신   成 이룰 성   仁 어질 인

桑田碧海

유정지(劉廷芝)의 시 <대비백두옹(代悲白頭翁)>에 다음과 같은 구절이 나온다.

洛陽城東桃李花　낙양성 동쪽 복숭아꽃 오얏꽃
飛來飛去落誰家　날아오고 날아가며 누구의 집에 지는고
洛陽女兒惜顔色　낙양의 어린 소녀는 제 얼굴이 아까운지
行逢女兒長嘆息　가다가 어린 소녀가 길게 한숨짓는 모습을 보니
今年花落顔色改　올해에 꽃이 지면 얼굴은 더욱 늙으리라
明年花開復誰在　내년에 피는 꽃은 또 누가 보려는가
實聞桑田變成海　뽕나무 밭도 푸른 바다가 된다는 것은 정말 옳은 말이다

원래 이 말은 <신선전(神仙傳)>의 <마고선녀 이야기>에도 있다.

마고가 신선 왕방평에게 말했다.

"제가 신선님을 모셔온 이래 뽕나무 밭이 무려 세 번이나 푸른 바다로 변했습니다. 그런데 얼마 전에 다시 보니까 또 동해 바닷물이 절반으로 줄었어요. 다시 뽕나무 밭으로 되려는 것일까요?"

그러자 신선 왕방평이 말했다.

"옛 성인들은 바다가 흙먼지를 일으킨다고 말씀하셨다. 동해도 마찬가지로 먼지를 날리는 거지."

이렇듯, '상전벽해(桑田碧海)'는 뽕나무 밭이 푸른 바다로 변한다는 의미에서 자신도 모르게 세상이 달라진 모습을 보고 비유한 말이다. 또한 뽕나무 밭이 바다가 될 수 있을지라도 사람의 마음은 변하지 않는다는 의미로도 쓰인다.

❗ '상전벽해'를 느낀 경험을 떠올려 보세요.

상전벽해

겉뜻: 뽕나무 밭이 푸른 바다가 됨.
속뜻: 세상이 몰라볼 정도로 변해 버렸다는 뜻.

광남초5 전수연

桑 뽕나무 상 　田 밭 전 　碧 푸를 벽 　海 바다 해

고사성어 이야기 25

水魚之交

중국 천하가 조조, 유비, 손권 세 사람에 의해 위, 촉, 오 삼국으로 나뉘어져 있던 시대의 일이다.

그 중 촉나라 유비에겐 의형제를 맺은 관우와 장비, 그리고 조운 같은 훌륭한 장수들이 여럿 있었지만 같이 일을 도모할 만한 책략가가 없었다. 그래서 유비는 제갈공명을 찾아가 온갖 정성을 다해 그를 모셔왔고, 결국 대업에 참여하게 만들었다.

유비는 제갈공명의 인품과 지혜를 높이 사 항상 공경하였고, 심지어 밥을 먹고 잠을 잘 때에도 함께 했다. 제갈공명 역시 자기를 알아주는 유비에게 충성을 바쳤다.

하지만 관우와 장비는 그런 유비가 불만이었다. 고작 27살 밖에 안 된 제갈공명에 대한 예우가 너무 지나친 것이라 생각했기 때문이다.

불평하는 동생들에게 유비는 확고한 믿음을 가지고 말했다.

"내가 제갈공명을 얻은 것은 물고기가 물을 만난 것과 같아서(水魚之交) 나는 제갈공명이 없다면 살기 힘든 물고기와 마찬가지다. 그러니 두 번 다시 그런 소리를 하지 말거라."

이리하여 관우와 장비는 다시는 그 일에 대해 불평하지 않았다고 한다.

이로부터 '수어지교(水魚之交)'란 물과 물고기의 사귐이란 뜻으로, 없어서는 안 될 소중한 친구를 말한다. 또한 임금과 신하 또는 부부 사이처럼 매우 친밀한 관계를 이르거나, 서로 떨어질 수 없는 친한 사이를 일컫는 말로도 쓰인다.

! '수어지교'와 같은 뜻을 가진 한자성어는 무엇일까요?

수어지교

겉뜻 물과 물고기의 사귐.
속뜻 물고기는 물이 있어야 살 수 있는 것처럼 친밀한 사이를 뜻함.

광남초4 이원정

水 물수 魚 물고기어 之 갈지 交 사귈교

樹欲靜而風不止

　어느날 공자가 길을 가고 있던 중에 어디선가 몹시 슬피 우는 소리가 들렸다. 그 소리를 따라가 보니 고어라는 사람이었다. 그는 베옷을 입고 땅바닥에 주저앉아 울고 있었다.

　공자가 우는 까닭을 물어보니,

　"저는 세가지 잘못을 저질렀습니다. 첫째는 젊은 시절 천하를 두루 돌아다니다가 집에 와보니 이미 부모님이 돌아가신 것이요, 둘째는 섬기고 있는 왕이 사치와 노는 것을 좋아하고 충성된 말을 듣지 않아 그에게서 도망쳐 온 것이요, 셋째는 부득이한 사정으로 친한 친구와의 사귐을 끊은 것입니다. 나무는 고요하고자 하나 바람이 그치지 않고(樹欲靜而風不止), 자식이 부모를 봉양하고자 하나 부모님은 기다려주지 않고 이미 돌아가셨습니다(子欲養而親不待)." 하였다.

　이 말을 듣고 공자는 제자들에게 다음과 같이 말했다.

　"너희들은 이 말을 새겨 들어야한다. 살아계실 때 부모님께 효도를 다하거라."

　'수욕정이풍부지(樹欲靜而風不止)'는 효도를 다하지 못한 채 부모를 잃은 자식의 슬픔을 가리키는 말로 부모님이 살아계실 때 효도를 다하라는 뜻으로 쓰인다.

　흔히 '풍수지탄(風樹之嘆)'으로 줄여서도 말한다.

> ❗ '수욕정이풍부지'를 통해 알 수 있는 교훈은 무엇일까요?

수욕정이풍부지

겉뜻 나무가 고요하고자 하나, 바람이 그치지 않음.
속뜻 부모를 봉양하고 싶어도 세상에 계시지 않음을 비유해 이르는 말.

남천중2 김상현

樹 나무 수 | 欲 하고자 할 욕 | 靜 고요할 정 | 而 말이을 이 | 風 바람 풍 | 不 아닐 불 | 止 그칠 지

緣木求魚

어느 날 제나라 선왕(先王)은 맹자에게 춘추 시대 때 패업을 이루었던 제환공과 진문공의 일을 듣고 싶다고 말했다. 그러자 맹자는 선왕에게 질문을 했다.

"왕께서는 전쟁을 일으켜 신하의 목숨을 위태롭게 하고, 이웃나라와 원수가 되는 것이 좋습니까?"

"아니오. 좋을리가 있겠소. 하지만 그렇게 하려는 것은 내게 커다란 바람이 있기 때문이오."

"그 바람이 무엇인지 들려주시겠습니까?"

그러나 선왕은 웃기만 하고 말하지 않았다. 맹자가 다시 말했다.

"살찐 고기와 맛있는 음식이 부족하십니까, 가볍고 따뜻한 옷이 부족하십니까? 아니면 아름다운 빛깔을 감상하는게 부족하십니까?"

"아니오. 내가 원하는 건 그런게 아니오."

"그렇다면 왕께서 바라시는 걸 알겠습니다. 영토를 확장하여 진나라나 초나라 같은 큰 나라를 굴복시키고, 나아가 중국 전체를 지배함으로써 오랑캐까지도 복종시키려는 것 아닙니까? 하지만 무력을 통해 그러한 욕망을 이루려는 것은 마치 '나무에 올라가 물고기를 구하는 것'과 같습니다."

"그게 그토록 터무니없는 일이오?"

"나무에 올라가 물고기를 구하는 것보다 더 힘들 것입니다. 나무에 올라가 물고기를 구하는 짓은 고기만 얻지 못할 뿐 후환은 없습니다. 그러나 전쟁을 통한 영토 확장은 백성들을 괴롭히고 나라를 망쳐 재난을 초래할 뿐입니다."

이처럼 불가능한 일을 무리하게 억지로 하려는 것을 '연목구어(緣木求魚)'라 한다.

❗ 맹자가 말한 '연목구어'는 무엇을 빗대어 말한 것일까요?

연목구어

겉뜻 나무에 올라가서 물고기를 구함.
속뜻 불가능한 일을 하려고 하거나, 목적을 달성할 수 없음.

남천중2 김규리

緣 인연 연　　木 나무 목　　求 구할 구　　魚 물고기 어

五十步百步

전국시대 때 위나라의 혜왕이 맹자를 초대하여 물었다.

"우리나라가 강해지려면 어떻게 해야 할까요?"

맹자가 대답했다.

"전하, 저는 그 이야기를 하려고 온 것이 아닙니다. 백성을 사랑하는 정치에 대해 말씀드리려고 왔습니다."

혜왕이 맹자의 말을 끊고 말했다.

"백성을 사랑하는 것이라면 과인도 평소에 잘 하고 있습니다만 백성들은 나를 따라 모여들지 않습니다."

이 말을 받아 맹자가 대답했다.

"왕께서는 전쟁을 좋아하시니 전쟁 이야기를 하겠습니다. 전쟁터에서 북소리가 울리고 싸움이 시작되었습니다. 그때 어떤 병사가 겁을 먹고는 정신없이 도망을 쳐, 백 보쯤 가서 섰습니다. 그러자 뒤따라서 도망쳤던 자가 오십 보에서 멈춰서더니 백 보를 도망친 놈에게 겁쟁이라며 비웃었다고 한다면 어떻겠습니까?"

"오십 보나 백 보나 두 사람 다 도망가기는 마찬가지 아니오?"

"바로 그것입니다. 왕께서 백성들을 돕는 것은 오직 백성 수를 늘리기 위함이지 백성을 진정으로 사랑하는 정치가 아니니, 이웃나라 왕과 다를 게 무엇입니까?"

이 말을 들은 혜왕은 아무 말도 하지 못했다. 혜왕 역시 이웃나라의 왕처럼 강한 나라를 만들고 싶은 욕심 때문이지 진심으로 백성을 위한 정치는 아니었기 때문이었다.

! 맹자가 혜왕에게 전쟁 이야기를 한 까닭은 무엇일까요?

오십보백보

겉뜻 오십 보를 도망 친 사람이나 백 보를 도망친 사람이나 같음.
속뜻 조금 낫고 못한 정도의 차이는 있으나 본질적으로는 차이가 없음.

대천중2 한수연

| 五 다섯 오 | 十 열 십 | 步 걸음 보 | 百 일백 백 | 步 걸음 보 |

吳越同舟

손무가 쓴 병법서 《손자(孫子)》라는 책에는 구지(九地)편이라는 글이 있다. 여기에는 병사를 쓰는 아홉 가지 경우를 적어 놓았다. 그 중 다음과 같은 글이 있다.

병사를 쓰는 방법에는 '아홉 가지의 땅'이 있다. 그 '죽음의 땅'이라 한다. 즉 다른 방법은 아무것도 없고 싸워서 이겨야 만이 살길인 상황을 말하는 것이다. 그러면서 예를 들어 나오는 구절에 바로 '오월동주(吳越同舟)'가 나온다.

옛날부터 오나라 사람과 월나라 사람은 본래 사이가 좋지 않은 나라였다. 어느 날 두 나라 백성이 같은 배를 타고 강을 건너는데 큰 바람과 물결을 만났다. 그런 사태가 닥치자 그들은 평소에 적으로 생각했던 마음을 잊고 서로 양쪽 어깨에 붙은 오른손과 왼손이 되어 필사적으로 도울 수 밖에 없었다.

이처럼 평소 원수처럼 지내던 사람이 같은 목적을 위해 힘을 합해 노력하거나 뜻이 서로 다른 사람들이 한자리에 있게 되는 것을 '오월동주(吳越同舟)'라 한다.

! 서로 사이가 좋지 않던 오나라와 월나라 사람도 한 배에서 큰 풍랑을 만나면 어떻게 할까요?

오월동주

겉뜻 오(吳)나라 사람과 월(越)나라 사람이 한 배에 타고 있음.
속뜻 어려운 상황에는 원수라도 협력하게 됨.

대천중1 하정목

| 吳 나라이름 오 | 越 넘을 월 | 同 한가지 동 | 舟 배 주 |

고사성어 이야기 30

愚公移山

태항산(太行山)과 왕옥산(王屋山)은 기주의 남쪽과 하양 북쪽에 위치한 산이다. 북산에 90세 먹은 우공이라는 노인이 이 두 산을 마주하고 살았는데, 이 산들이 길을 막아 다니기도 번거로웠다. 어느 날 노인은 가족들을 모아놓고 물었다.

"난 너희들과 힘을 합해 저 산을 깎아서 남쪽으로 길을 트고 싶은데, 어떻게 생각하느냐?"

가족들 전부가 찬성하여 우공은 아들과 손자와 함께 돌과 흙을 파서 심태기로 발해 땅에다 내다 버렸다. 한 번 다녀오는데 꼬박 1년이 걸렸다. 그들을 지켜보던 지수라는 사람이 웃으며 말렸다.

"어리석습니다. 90의 나이에 산과 흙과 돌을 어쩌겠다는 거예요? 내가 보기에는 그 산의 언덕 귀퉁이 하나도 다 옮기지 못하도 죽을 것 같은데……."

그러나 우공은 태연히 말했다.

"당신은 너무나 소견이 좁소. 내가 죽으면 아들이 하고, 아들에겐 손자가 있으며, 손자도 또 어린애를 낳고, 그 어린애가 다시 아이를 낳아 대대로 이어질 것이오. 그렇게 되면 반드시 저 산이 평평해질 날이 올 것이오."

우공이 이렇게 말하자 지수는 아무 말도 하지 못했다.

이 소문을 들은 산신령은 우공의 각오가 심상치 않아 언젠가는 산이 무너질까봐 두려웠다. 그래서 하늘에 있는 신에게 이를 호소했다. 그러자 우공의 진심에 감동한 옥황상제가 산신성의 호소와 우공의 정성을 모두 받아들여 두 산을 옮기기로 했다. 그래서 태항산은 삭주 동쪽으로, 왕옥산은 옹주 남쪽으로 옮겨졌으며, 원래 있던 곳에서는 사라졌다고 한다.

> ❗ '우공이산'을 통해 얻을 수 있는 교훈을 떠올려요.

우공이산

겉뜻 우공이 산을 옮김.
속뜻 한가지 일을 끝까지 밀고 나가면 언젠가는 목적을 달성할 수 있음.

대천중3 이성은

愚 어리석을 우   公 공평할 공   移 옮길 이   山 메 산

有備無患

'유비무환'은 《서경》과 《좌씨전》에 실려 있다.

춘추시대 진나라의 도공은 아주 총명한 왕이었다. 그에게는 '사마위강'이라는 유능한 신하가 있었는데 그는 법을 엄격하게 적용하는 사람이었다. 도공의 동생인 양간이 군법을 어기자 그의 마부를 잡아다 죽일 정도로 정의로운 사람이었다.

어느 해 정나라가 송나라를 침략하게 되자 송나라는 진나라에 구원 요청을 하였다. 진나라의 도공은 즉시 12개 나라에 사신을 보내어 연합군을 구성하였다. 연합군이 도성을 에워싸자 정나라는 항복을 요구하게 되었다.

이를 시작으로 각 나라들은 서로의 세력을 두려워하며 침략을 일삼거나, 화친을 맺기도 하여 혼란한 상황이 벌어지게 되었다. 이때 곤경에 처하게 된 정나라는 진나라 도공에게 도움을 청해왔고 진나라의 주선으로 정나라는 위험에서 벗어날 수 있었다. 그것을 고맙게 생각한 정나라의 왕은 도공에게 감사의 뜻을 전했고, 도공은 이것을 다시 사마위강에게 주려고 했다.

그때 사마위강은 왕에게 다음과 같은 말을 전했다.

"편안하게 지낼 때에는 항상 위태로움을 생각해야 하고, 위태로움을 생각하게 되면 항상 준비가 있어야 합니다. 충분한 준비가 되어 있으면 근심과 재난이 없을 것입니다."

이 말을 들은 도공은 그의 말에 도움을 얻어 마침내 천하통일을 이루게 되었다.

이렇게 '유비무환(有備無患)'은 모든 일이 순조로울 때 미리 위태로움을 생각해 그에 대한 준비를 하면 걱정이 없다는 뜻으로 사용된다.

> ❗ 미리 준비해서 걱정이 없었던 적은 언제인가요?

유비무환

겉뜻: 갖춤이 있으면 근심이 없음.
속뜻: 일이 일어나기 전 평소에 준비가 철저하면 후에 근심이 없다는 뜻.

개림초4 이시현

有 있을 유   備 갖출 비   無 없을 무   患 근심 환

以心傳心

'이심전심'의 유래는 석가모니가 살아계실 때로 거슬러 올라간다.

하루는 석가모니가 제자들을 모아놓고 설법(說法)을 하던 중 하늘에서 꽃비가 내렸다. 석가모니는 연꽃 한 송이를 들고 보여 주었다. 하지만 제자들은 아무도 그 의미를 알지 못했다. 그 때 마침 제자 '가섭'만이 그 뜻을 깨닫고 미소를 지어보였다. 이를 '염화미소'라고 하며 이 같이 마음으로 전하는 수행법을 '이심전심'이라 했다.

석가모니는 자신의 법 전수를 위해 다양한 방법으로 제자를 가르쳤는데 그중 가섭에게 마음에서 마음을 전한 일 즉, 선종의 근본을 '삼처전심(三處傳心)'으로 말한다.

'삼처전심'이란 석가모니가 가섭에게 '세 곳에서 불교의 진수를 전했다'는 말로 불교 선종의 근본이다.

그에 얽힌 일화는 다음과 같다.

석가가 나자탑에서 설법 중 가섭이 올 것을 알고 가섭에게 자리를 내어주었다는 '다자탑전 분반좌(多子塔前 分半座)'와, 영산에서 설법 할 때 꽃비가 내려 그 꽃을 들어 보였더니 가섭만이 뜻을 알아 웃었음을 말하는 '영산회상 거점화(靈山會相 擧拈花)', 그리고 사라 쌍림수 아래서 열반(涅槃)에 들 때 찾아온 가섭에게 관 밖으로 다리를 내밀어 그 마음을 전했다는 '사라쌍수곽시쌍부(沙羅雙樹槨示雙趺)'라는 용어로 표현되고 있다.

오늘날 '이심전심(以心傳心)'은 말이 없어도 은연중에 그 뜻이 전해져 서로의 마음이 통할 때 쓰이는 용어로 굳어졌다.

> ❗ 친구와 이심전심 됐던 적은 언제였나요?

이심전심

겉뜻 마음에서 마음으로 전함.
속뜻 말을 하지 않아도 서로 마음이 통함.

동래초4 김민균

| 以 써 이 | 心 마음 심 | 傳 전할 전 | 心 마음 심 |

李下不整冠

전국시대 제나라는 위왕이 왕위에 있었으나 실제 권력은 주파호가 쥐고 있었다. 위왕에게는 우희라는 후궁이 있었는데 어느 날 우희는 주파호의 행동이 도에 지나치다는 것을 왕께 이야기 하였다.

"주파호는 벼슬에 앉히시면 안 됩니다. 주파호를 등용하시면 큰 화가 올 것이니 덕이 높고 현명한 제나라의 북곽 선생을 등용하시는 것이 좋을 것입니다."

이 말을 전해 듣고 화가 난 주파호는 위왕에게 우희와 북곽 선생 사이가 의심스럽다고 거짓으로 이야기 하였다.

화가 난 왕은 우희를 감금하고 그것이 사실인지 조사를 시켰다. 우희가 위왕에게 말하였다.

"저는 10년 동안 왕을 위해 진심으로 힘을 다했습니다. 저는 결백하지만 간신의 모함에 휘말리고 말았습니다. 제게 죄가 있다면 '오이 밭에서는 신을 고쳐 신지 말고(瓜田不納履), 오얏나무 아래에서는 갓을 고쳐쓰지 말라.(李下不整冠)'라는 말을 지키지 않았던 점입니다. 지금 주파호의 나쁜 행동들은 끝에 도달해 있습니다. 왕께서 그를 신임하신다면 이 나라는 위험에 처할 것입니다."

우희가 진심으로 충언하자 깨달음을 얻은 위왕은 마침내 주파호를 쫓아내고 정치를 바로잡아 제나라는 안정되었다.

'과전불납리', '이하부정관(瓜田不納履, 李下不整冠)'은 남에게 의심받을 짓은 아예 하지도 말라는 뜻으로 쓰이고 있다.

! '이하부정관'을 통해 알 수 있는 교훈은 무엇인가요?

이하부정관

겉뜻 오얏나무 밑에서 갓을 고쳐 쓰지 않음.
속뜻 남에게 의심받을 만한 일은 아예 하지 말아야 함.

남천초4 백승화

| 李 오얏 리 | 下 아래 하 | 不 아닐 불,부 | 整 가지런할 정 | 冠 갓 관 |

고사성어 이야기 34

一網打盡

　송나라의 임금인 인종은 뛰어난 인재를 등용하고 학문을 장려하는 훌륭한 왕이었다. 하지만 인종에게는 고민이 있었다. 뛰어난 신하는 많으나 그 신하들이 서로 자기 의견만 고집해서 편을 만들고 권력만 다투었던 것이다. 그래서 당시에 임금이 의견을 내면 신하들과 의논하지 않고 바로 행하게 되는 법이 있었다. 그런데 새로 신하가 된 강직한 성품의 '두연'이라는 신하는 이 법이 늘 불만이었다.

　'임금이 신하들과 상의하지 않고 마음대로 명령을 내리는 것은 옳지 않다.'
라고 생각했다.

　그래서 두연은 임금의 명령이 적힌 *조서(詔書)가 내려오면 그대로 가지고 있다가 수십 장이 쌓이면 임금에게 그대로 돌려보내곤 했다. 이런 두연의 행동은 자기 마음대로 임금의 명령을 어기는 것이라고 해서 많은 비난을 받게 되었다.

　그러던 어느 날, 마침 두연의 사위가 나라의 돈을 꺼내 쓴 사건이 벌어졌다. 평소에 두연을 시기하던 '왕공진'이라는 신하는 즉시 두연의 사위를 잡아 감옥에 가두었다.

"임금님, 이번 일에 두연이 무관할리 없습니다. 두연이 반드시 이번 일에 책임을 져야 합니다."

라고 왕공진은 강하게 주장했다. 결국 두연은 감옥에 갇히게 되었다. 그런데 사위를 조사하면서 여러 명의 공범도 나왔다. 하나를 잡으니 또 하나가 끌려나오고, 또 그들을 잡아내니 그에 따라 여러 공범이 나왔다. 왕공진은 이를 매우 기뻐하며 말했다.

"내가 그물 하나로 모조리 다 잡았어(一網打盡)."
　그리하여 두연은 이 사건으로 벼슬에서 쫓겨나고 말았다.

*조서(詔書) : 임금의 명령을 일반에게 알릴 목적으로 적은 문서

> ❗ 왕공진은 어떻게 '일망타진' 할 수 있었을까요?

일망타진

겉뜻 한 번 그물을 쳐서 모두 잡음.
속뜻 범인이나 어떤 무리를 한꺼번에 모조리 잡을 때 쓰는 말.

개림중2 김민채

一 한 일 　 網 그물 망 　 打 칠 타 　 盡 다할 진

切磋琢磨

공자의 제자 중에 재주가 많고 말솜씨가 뛰어난 자공이라는 자가 있었다. 하루는 자공이 공자에게 질문했다.

"스승님, 가난하더라도 남에게 아첨하지 않고 부유하면서도 교만하지 않는 사람이 있다면 그 사람은 어떤 사람일까요?"

"좋은 사람이다. 그러나 가난하면서도 도를 즐길 줄 알고 부유하면서도 예를 좋아하는 사람보다는 못하느니라."

《시경》에 다음과 같은 시가 있다.

> 저 기수 물굽이를 바라보니 왕골과 마디풀이 우거져 있네
> 깨끗하신 우리 님이여 끊는 듯 닦는 듯 쪼는 듯 가는 듯
> (如切如磋如琢如磨)
> 묵직하여 위엄 있게 훤하고 의젓하시네
> 깨끗하신 우리 님이여 끝내 잊을 수가 없네.

그것을 들은 자공이 말하길

"시경에 나와 있듯이 군자는 뼈나 상아를 잘라 줄로 간 것처럼, 옥이나 돌을 쪼아 모래로 닦은 것 처럼 밝게 빛나는 것 같다고 하였는데, 이것이 스승이 말씀하신 '수양에 수양을 쌓아야 한다'는 것을 일컫는 말입니까?"

공자는 대답했다.

"자공아, 기특하도다. 이제야 너와 더불어 이야기를 할 수 있겠구나. 지나간 것을 알려주니 앞 일까지 알아내는구나."

이로부터 어떤 일을 할 때 정성을 다해 노력할 것을 '절차탁마(切磋琢磨)'라고 한다.

❗ 공자가 자공의 대답을 듣고 기뻐한 이유는 무엇일까?

절차탁마

겉뜻: 옥돌을 자르고 줄로 쓸고 끌로 쪼고 갈아 빛을 냄.
속뜻: 학문이나 인격을 갈고 닦음.

광남초4 김성혜

切 끊을 절   磋 갈 차   琢 다듬을 탁   磨 갈 마

고사성어 이야기 36

井中之蛙

《장자》의 〈추수편〉에 다음과 같은 이야기가 있다.

가을 홍수로 황하의 물이 불어나자 황하강의 신 하백은 물을 따라 북해 바다에 이르렀다. 하백은 바다의 위세에 눌려 한숨을 지었다. 하백은 북해 바다의 신 '약'에게 이야기 하였다.

"나는 지금까지 황하강이 세상에서 가장 넓은 줄 알고 있었습니다. 지금 당신의 바다를 보니 나의 강이 좁은 줄 깨달았습니다. 만약 내가 여기까지 와보지 않았다면 큰 웃음거리가 될 뻔 했습니다."

그러자 북해의 신 '약'이 이렇게 이야기 하였다.

"우물 안에서 살고 있는 개구리에게 바다를 이야기해도 알지 못하는 것은 그들이 넓은 바다를 보지 못하고 좁은 곳에서 살고 있기 때문입니다. 여름 벌레에게 얼음이 있다는 사실을 말해도 알지 못하는 것은 그들이 여름이란 계절 밖에 모르기 때문입니다. 식견이 좁은 사람에게 도를 말해도 알지 못하는 것은 그들이 아는 것만 고집하기 때문입니다. 하지만 그대는 지금 강에서 나와 큰 바다를 보고 자신의 부족함을 깨달았기에 함께 도를 말할 수 있겠습니다."

'정중지와(井中之蛙)'란 우물 안의 개구리, 즉 생각이나 식견이 좁은 사람이나 세상 물정을 모르는 사람을 일컫는 말이다.

이를 '좌정관천(坐井觀天),' '정저지와(井底之蛙)'라고 이야기하기도 한다.

❗ 내가 '우물 안 개구리'라고 느낀 적은 언제였나요?

정중지와

겉뜻 우물 안 개구리.
속뜻 견문이 좁아서 넓은 세상의 이치를 모름.

광남초5 김정민

井 우물 정　　中 가운데 중　　之 갈 지　　蛙 개구리 와

고사성어 이야기 37

螢雪之功

진나라 효무제 때 어려운 환경에 스스로의 노력으로 열심히 공부하여 크게 된 인물로 차윤과 손강이 있다.

차윤은 어려서부터 성실하고 부지런한 성품으로 학문에 뜻을 두고 있었지만 집안이 너무 가난하였다.

그는 낮에 일을 해야 했으므로 밤이 되어야만 공부를 할 수 있었다. 어느 여름밤 그는 공부를 하려 했으나 등불을 밝힐 기름이 없어서 밤에도 공부하지 못했다.

고민하던 그는 한 가지 방법을 생각해 냈다. 바로 주머니 자루를 만들어서 들고 다니며 수천 마리의 반딧불을 잡아 그 빛으로 글을 읽는 것이었다. 이렇게 열심히 공부한 끝에 그는 마침내 '이부상서'라는 중앙의 높은 벼슬에 올랐다.

손강도 차윤과 같은 시기에 공부한 사람으로 유명하다. 손강도 차윤과 마찬가지로 집이 너무 가난하여 밤에 등불을 밝힐 기름이 없었다.

공부하기를 몹시 좋아했던 그는 겨울이 되면 창가에 앉아 창 밖에 쌓여있는 눈빛으로 책을 읽곤 했다. 이렇게 열심히 공부한 결과 벼슬이 '어사대부'라는 관리를 단속하는 관청의 장관이 되었다고 한다.

이들 모두는 가난과 어려운 처지를 극복하고 높은 벼슬에 올라 자신이 뜻하는 바를 이루었다.

이와 같이 '형설지공(螢雪之功)'은 어려운 가운데서도 열심히 공부하여 성공한 차윤과 손강의 이야기에서 유래 되었다.

❗ '형설지공'의 두 인물은 등불을 밝히기 위해 어떤 방법을 사용했을까요?

형설지공

겉뜻 반딧불과 눈빛으로 이룬 공.
속뜻 어려운 환경에서 열심히 공부하여 성공함.

분포초6 추호관

螢 반딧불이 형   雪 눈 설   之 갈 지   功 공 공

고사성어 이야기 38

狐假虎威

전국시대 때, 초나라 선왕이 대신들에게 물었다.

"북쪽에 있는 나라들이 왕인 나보다 소해휼을 더 두려워한다고 들었는데, 사실인가?"

소해휼은 초나라의 재상으로 정권과 군력을 모두 장악하고 있는 인물이었다. 평소 소해율을 시기하던 강을이 선왕께 말했다.

"아닙니다. 북쪽 나라들이 무엇 때문에 재상에 불과한 소해휼을 두려워하겠습니까? 전하, 혹시 '호가호위(狐 假 虎 威)'라는 말을 아시는지요?"

"말해보게나."

"어느 날 호랑이에게 잡아먹히게 된 여우가 말했습니다. '너는 감히 나를 잡아먹지 못할 것이다. 하늘의신께서 나를 모든 동물의 왕으로 삼으셨기 때문이지. 내 말이 믿기지 않는다면 당장 내 뒤를 따라와 보거라. 나를 보고 달아나지 않는 짐승이 한 마리도 없을 테니 말이다.' 과연 호랑이가 여우 뒤를 따라가자 여우의 말대로 만나는 짐승마다 놀라서 도망가는 것이었습니다. 사실 짐승들이 달아난 것은 여우 때문이 아니라 그 뒤에 있는 자기 때문이었는데도 호랑이는 그것을 전혀 깨닫지 못했습니다. 지금 전하의 경우도 마찬가지입니다. 북쪽 나라들이 무엇 때문에 재상에 불과한 소해휼을 두려워하겠습니까? 그들이두려워하는 것은 소해휼이 아니라 그 배후에 있는 초나라의 막강한 군대와 전하입니다."

강을의 이야기를 듣고서야 선왕은 진짜 호랑이가 자신이고, 소해휼은 여우에 불과하다는 것을 깨달았다.

이처럼 여우가 호랑이의 위엄을 빌려 제 것으로 삼는다는 말로, 남의 권세를 내세워 위세를 부리는 것을 '호가호위(狐 假 虎 威)'라고 말한다.

> ❗ 위 이야기에서 호랑이와 여우는 각각 누구를 비유한 걸까요?

호가호위

겉뜻 여우가 호랑이의 위세를 빌림.
속뜻 남의 세력을 빌려 위세를 부림.

분포중3 이동율

| 狐 여우 호 | 假 거짓, 빌릴 가 | 虎 호랑이 호 | 威 위엄 위 |

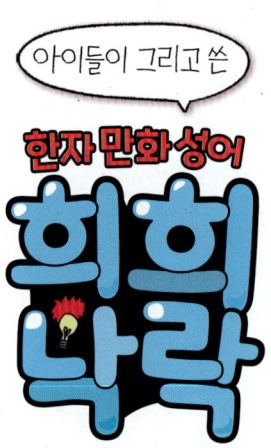

아이들이 그리고 쓴
한자 만화성어
희희낙락

초판 발행	2024년 12월 20일 초판 1쇄
기획·제작	호호에듀(주)
주소	부산광역시 해운대구 센텀중앙로 97 (센텀스카이비즈)
전화	1899-0898
팩스	051-781-8890
전자우편	stst1404@naver.com
등록일자	2023년 1월 16일 (제333-2023-000003호)
ISNB	979-11-990268-0-3 (77700)

· 정가는 뒤표지에 있습니다.
· 이 책의 어느 부분도 저작권이나 발행인의 승인 없이 무단 복제하여 이용할 수 없습니다.
· 파본 및 낙장은 구입하신 서점에서 교환하여 드립니다.